高橋信次

人間釈迦

3

ブッタ・サンガーの生活

法は大自然の法である
人の道はこの中に在る

高橋信次

高橋信次 著作集「心と人間シリーズ」新装版発刊に寄せて

父高橋信次が旅立ってから、四〇年近くの時が流れ、世相も社会の状況も大きく様変わりしました。

当時、希望に満ちた右肩上がりの高度成長期を歩んでいたわが国は、今、積み残してきた負の遺産によって、経済力は翳《かげ》り、国力の低下という厳しい現実の中にあります。さらには世界史上かつてなかった超高齢化社会の到来をはじめ、様々な難問に直面しています。

しかし、物質的な豊かさを飽くなく追求していた時代の中で、高橋信次が「心の復興」「魂の発見」を訴えたその意義は、現在も少しも変わることなく生き続けていると思わずにはいられません。

なぜなら、グローバリズムの名の下に、あらゆるものごとが経済的な価値尺度によって一元的に計られている現実は、かつて以上に、人々の目を数字や目に見えるものだけに釘づけにして、根深く唯物主義、拝金主義の流れを強めていると思えるからです。

人はみな永遠の生命を抱く魂の存在――。この現象界に生まれ落ちた魂たちは、誰もが環境、教育、思想、習慣という人生の条件を引き受けて、それぞれの道を歩む。そしてその経験を通じて心の歪みを正し、人生の目的と使命に目覚めて、それを果たそうとする。現象界は、魂の修行所である――。

高橋信次が示した、この人間観・人生観は、私たち人間の本質が内なる魂にあり、その経験と成長こそ、人生の意義であることを教えています。

生まれる時代、国と地域、肌の色、民族、性別……。私たち人間に様々なあつれきをもたらしてきたそれらの違いの基に、魂という変わらぬ本質が息づいている。魂という次元こそ、それらの違いを、この世界を生きる人生の条件として、根本的に相対化し得るものではないでしょうか。

いかなる人生の条件を引き受けようと、魂の尊厳は変わることなく輝き、それぞれのかけがえのない人生の目的と使命を果たすことができる。そして、それだけの力を抱いているのが一人ひとりの人間なのです。

一九七六年、私との魂の邂逅《かいこう》を果たしてから、父はますます神理を求める想いを研ぎ澄ましていました。「督促状《とくそくじょう》が来ているんだ。もう還らなければならない」。そう言いながら、それまで以上に一途に歩み続けたのです。

医師からはとても無理だと止められながら、それを押して赴いた東北での最後のセミナー――。

「佳子、ぼくは行ってくるからね」

ほほえみながらそう言って出かけていった父の顔を忘れたことはありません。

神理のこと、魂のことを一人でも多くの人々に伝えることができて、それを生きてもらえるなら、命に代えても少しも惜しくはない――。そんな覚悟のすがたでした。

そしてその晩年の父がいつも語っていたのは、人間の心が本当に変わることの素晴らしさ――。数え切れないほどの奇跡の現象を現した父でしたが、父の心にあったのは、その一つのことでした。

「本当の奇跡っていうのは、人間の心が変わることなんだ。それを忘れちゃいけないよ……」

それは、私にとって、何よりも守らなければならない、父からのバトンであり続けています。


人間は永遠の生命を抱く魂の存在――。

では、私たちが、魂としての人生を生きるためにはどうすればいいのか――。そのための道を同志の皆さんと一緒に築いてきたことは、その約束に応える歩みであったと思っています。

今、GLAをはじめ、私の周囲には、神理を学ぶだけではなく、それを実践して新たな現実を生み出す人々があふれています。

故あって心に傷や歪みを抱えた人々が、生まれ変わったようにそこから自由になって新しい人生を生き始める。試練に呑み込まれ、身動きが取れなくなっていた人々が、「試練は呼びかけ」と受けとめて、新しい次元に踏み出してゆく――。

　このような現実こそ、父が何よりも願っていた現実であり、思い描いていた未来であったと私は確信しています。

　高橋信次が開いた「魂の道」は、今も現在進行形で続いているのです。

　この新装版となった「心と人間シリーズ」を手に取られた読者の皆様が、その「魂の道」を継ぐお一人となることを、父はどれほど待ち望んでいるでしょう。それぞれの人生において、それぞれの生きる場所で、ぜひ、その一歩を踏み出してくださることを願ってやみません。

二〇一三年　六月

高橋佳子

はしがき

『人間・釈迦』三部がようやくまとまりました。本書は二部につづいて、集いきたる縁生の弟子たちがテーマであり、その意味では物語としての山場らしきものはありません。この点についてはいつも繰り返すように、この物語は次々と眼前に展開する状景をとらえ、それをそのまま筆にしているというのが実情であり、そのため通常の小説や伝記のようにあらかじめ全体の構図をとらえ、デッサンしてから主人公を中心にドラマチックに描くというものではないからです。つまり、小説的手法を全然用いていないのが本書の特色といえば特色といえると思います。

私が釈迦伝をとりあげた動機は、その生涯を通して、釈迦の生き方、考え方を、弟子たちとのかかわりの中で読者に知っていただき、そうしてその中から仏教の根本を理解され、それを実生活に生かしてもらえればと考えたからです。

もう一つの理由はゴーダマ・ブッタは今日の仏教のようにそんなにむずかしいことを教えたわけではありません。大自然の素直な正しい運動をそのまま生活の上に生かすことを教えたまでです。それが中国を経て日本に伝わると、哲学や学問となり、一般大衆に近寄りがたい理解しにくいものとなったわけです。

本書は、在来のむずかしい仏教から、やさしい仏教に、つまり、ブッタ在世の二千五百有余年前に歴史のフィルムを戻し、読者の皆さんに当時のインドに帰ってもらい、いわば説法するブッタにジカに接してもらうことを念願して筆をとった次第です。

本書を手にされ、あらためて仏教というものを理解していただくならば、私の目的はなかば達せられたことになり、多くの読者が是非そうあって欲しいと希望するものです。

昭和五十一年一月吉日

高橋信次

●目次

第六章　サンガーの生活　159

第四章　ピパリ・ヤナーの出家

一　大富豪の息子ヤナー

ブッタの説法とその感化は弟子たちの心を正道という軌道に乗せ、安らぎの法灯となって燃えつづけた。

ことにシャーリー・プトラーとモンガラナーの二人は、ブッタの説法を聞く度に、法悦の涙にぬれた。

あふれ出る涙はとめようがなかった。

二人にとって、もし今世でブッタにめぐり会う機会がなかったとすれば、さまよえる小羊のように、魂の奥底からひびく己自身の言葉を知ることも出来ず、ブッタの手足となって衆生を救う御業《みわざ》にも参加することがなかったであろう。

ブッタにめぐり会い、過去世からの天命を自覚し得た喜びは、これまでの苦悩と迷いが大きかっただけに、つきることがなかった。

モンガラナーの場合は、既に心眼がひらかれ、ブッタの過去世と現在の姿が二重写しとなり、しかも、説いている法の内容が過去世のそれとまったく変わらないことを知り、転生の神秘を痛いほど感じていた。

苦悩を喜びに変え、迷いから確固不動の信念に心が定まるのもブッタの法の故であった。

人の魂は生き通しのそれであった。死は本来あり得なかった。魂は輪廻という連続体の中にあって、肉体の生死は仮の呼び名にすぎなかった。肉体をまとい喜怒哀楽に翻弄される小さな心が、いかに己の魂を傷つけ、他を不調和にしてしまうか、ブッタの法理を理解すればするほど、心は大きくなるものであった。八正道にもとづく心と行ないの精進が、やがて仏智をひらく水先案内の役を果たしてくれる。

シャーリー・プトラーの智慧とモンガラナーの天眼通力は、多くの弟子たちの目を見張らせるものがあった。

それればかりか、二人の生活態度は正道にひたむきなものがあり、たゆまざる一途な精進は先輩たちの心をうつのであった。

その真摯な態度はブッタの言葉通りであって、過去世からの縁生のつながりがいかに今生のそれを決定づけているか、はじめて理解されてくるのであった。

ブッタは、ベルベナーの林で止観と瞑想に耽っていた。

禅定三昧に達したとき、

「ブッタよ、近いうちに道を求めて一人の修行者が訪ねてくるでしょう。そして、あなたの弟子になるでしょう。この修行者はやがて、アラハンの境地に達し、ブッタの法を多くの衆生に伝えて行くでしょう」

バフラマン（梵天）の優しい言葉であった。例によって、それは心の中からひびいて来た。

「また一人の縁生の弟子が増える……」

ブッタは禅定を解き、バフラマンの言葉を反芻しながらつぶやいた。

バフラマンの導きは、常に正確無比であって、これまで一つとして事実と相違したことがなかった。宇宙即我を悟り伝道に心を決したのもバフラマンの先導によったし、縁生の弟子たちが集い来る予見も、バフラマンの慈悲によってであった。

心をくだき、将来の在り方に迷うことは皆無だった。

もちろん日常の些事、教団の運営、伝道の細部については考えることはあった。しかし、それにとらわれ、思い悩むということはなかった。

すべては道筋が出来上がっており、それをいかに遅滞なく運んでいくかにかかっていたからである。

バフラマンの声は、常に肉体の内側から聞こえてくる。聞こえるというより、内側から語ってくるというのが本当だった。

これをもっと具体的にいうならば、ブッタの潜在意識から伝わってくるのである。ブッタの潜在意識は大宇宙にひろがっており、そうして次元を超えた大宇宙にはブッタの生命の兄弟、友人が個の生命を持ちながら存在している。

表面意識の波動が正道という神の意識に適った状態に至ったときに、こうした生命の兄弟、友人の語る言葉が、内なる耳に聞こえてくるのである。

表面意識の波動が細かければ細かいほど、生命の兄弟、友人の指示は正確無比となり、そうしてそれは時間、空間を超えて、いつどこにいても、どんな問題をもとらえ、教えられる。

パラミタが開く、あるいは如来を称して、大智慧、大智識というのは、こうした潜在意識に存在する内なる声をとらえることの出来る能力を指すのであり、その能力は内なる言葉として聞くこともあるし、想念として、心に浮かんでくることもある。

バフラマンが時折、ブッタに教えるその言葉は、すべて、こうした機構の下に伝わってきた。

ところが、通常これを間違えて、肉体の耳に聞こえてくる言葉をパラミタと受け取り、悟ったと勘違いする向きが多い。

外からの言葉は、自分の潜在意識の声とは異なり、動物霊や地獄霊など悪霊のささやきといってもいいだろう。なぜかというと潜在意識は自分自身であるから内から聞こえ、人格がちがう動物霊、地獄霊は自分以外のものだから当然外側から伝わる。

外からの状態は非常に危険なもので、本人がそれに気付かず、その声に耳を傾け、それに興味を抱いてくると、その人の意識の一部が毒されると共に、やがて意識の一部がそれらの者に占領され、二重、三重人格となって廃人となることがおこってくる。

また、意識の一部を占領されると自分の内側から言葉が聞こえ、パラミタと間違えることもある。

生命の兄弟、あるいは友人や先輩の場合は、現実の当人の生活を乱すような言動は一切しない。本人の不幸は生命の兄弟の不幸にもつながるからである。

感情の起伏が激しく、あるいは自分の意を通すためには人の心を無視する言動のある者が、こうした現象に出会ったならば自重と反省が必要であろう。

また、こうした現象が起こらなくても、自分の予想がよく当り、増上慢に陥っている場合は、間違いなく他界の地獄霊、動物霊が憑依していると考えなくてはならない。

長年それに気付かず、己の心に魔が巣をつくり、ひそんでいることがよくあるが、これを称して己心《こしん》の魔という。

己心の魔は霊的能力を自己の欲念をもって求めると現われてくる。そうして第二の性格となって表面化する。

魔の虜になると自分の心も身も自分の意志通りにゆかず運命の歯車が大きく変わってくる。したがって危険このうえもないことになる。

ブッタは、慈悲深いバフラマンの計らいに常に感謝すると共に、苦悩にあえぐ多くの衆生を救済し、その恩に報いねばならないと、常に自戒していた。己の説くところに間違いがあれば、全ヨジャナー（全世界）に不調和な環境をつくり出してしまうからだった。

ブッタは再び瞑想に入った。

周囲の樹木はブッタの瞑想を助けるように音一つたてずに静まり返っている。時折、野鳥が飛び去り、時の動きを教えてくれるが、深閑とした静けさは、周囲のすべての動きが停止してしまったような錯覚をおこさせた。

ブッタの意識は次第に大自然の中にとけこんでいった。淡い黄金色の柔らかな光がブッタの体を包んだかとみる間に、急にどんどんとふくれ上がり大宇宙と一つにとけ合っていった。

この頃、ベルベナーの東北に、ティルタというバラモン種の町に、ピパリ・ヤナー（大迦葉）という青年がいた。

彼の父は、マーハー・カンピラと呼ばれる大富豪であり、多くの小作人を使っている。ヤナーは一人息子で両親の慈愛の下に、何不自由なくすくすくと育ち、幸福な日々を送っていた。

学問はバラモン教の経典が主で、彼は興味をもって修行者たちから学んでいた。成長するにしたがって、その経典に彼は疑問を抱くようになっていた。

その一つは神の罰であった。

ひと度、バラモンの神を信じた者はその神に生涯仕えなければならず、それを怠り、拒むと神の怒りにふれ、不幸になるというのだった。

彼は、自分を教えてくれる修行者に、この点を質《ただ》してみた。かえってくる返事はいつも同じで、神の罰、信仰の在り方は経典に示される通りで彼を納得させるものは何一つ得られなかった。

バラモンの行者は度重なる質問に手を焼き、一人、二人と彼の下を去っていった。当然、彼は年に何回か催されるバラモンの祭事にも参加しなかった。

これをみた両親は代々続いているバラモン教の神に祈りを捧げると共に、ヤナーの不敬を詫びるのだった。そして、ヤナーの心が晴れて、両親を助け、安心させてくれることを願った。

ヤナーは両親の盲目の信仰に不審をいだいていた。ある日、両親が祈りを捧げ帰宅してきたところをつかまえると、彼はこう切り出した。

「お父さんは私の不幸を神に祈っているのですか。度々お参りに行っているようですが……」

父のマーハー・カンピラはヤナーの言葉におどろき、

「なにをいうのだ。お前がバラモンの神を信じないので、罰が当らないよう幸福になるように、お参りしているのだ。なんでお前の不幸を祈る者があろう。馬鹿なことをいっては困る。先祖代々の神を信じないと、頭の骨がズタズタに割れてしまうことを、わたしはこの耳で両親から聞かされている。神を信ぜず誹謗する者の末路の無残な例はしばしば見て来ている。お前にもしものことがあっては大変だからなあ」

と、ヤナーの顔を見つめながら、我が子をいましめるのだった。

「へえー、バラモンの神様は悪いことをしない者にも罰を与えるの。私はますます信じられない。お父さんやお母さんは私の幸福を神に祈っているといわれましたね。こういってはなんですが、神の心とは本当はそういうものだと思います。ちがうでしょうか。私は罰を与える神なぞ、絶対に信じません」

父のカンピラは、ヤナーの言葉にドキリとした。

カンピラもヤナー同様、同じ疑問を前から抱いていた。抱いてはいたが、その神を捨てるには勇気が要った。信仰は昨日今日の浅いものではなく、代々にわたって、生活の中に密着している。これを捨てたら生活の基盤がくずれ、生きているよりどころを失うことになる。

この時代にも神を捨てたすね者が多くいた。

彼らは徒党を組んで強盗掠奪を働いた。神を恐れぬ者にはこうするより生きようがなかったからといえよう。

信仰は階級を越えて人々の生活を規制しており、口先だけでも神を崇めなければ、誰も信用してくれなかったのだ。

無神論者は、いきおい社会の外にはみ出ることになった。

彼らは妻子も持たず、自由気儘にふるまい、酒や食べ物、女が欲しくなると、町に出て掠奪を欲しいままにした。

町や村は、こうした山賊、徒党の群れに常におびえていた。自衛の策として、農民も商人も戦うことはあったが、カースト制度という厳しい階級制度だったので、武器を持ち、組織的にこれらに立ち向う行動は許されなかった。

彼らの生活はこのため常に不安定であり、無情の風が何時襲ってくるかわからなかった。

神を敬い、神にすがり、神と共に生きてゆかねば生きられなかったのである。

盲目の信仰は、こうして人々の心の中に腰をすえることになった。

一方、無神論者の無残な横死は、いたるところでみられた。

掠奪し、逃げる最中に馬から転げ落ち、石に頭を打ちくだかれる者もいた。

また彼らの生活は不摂生、不衛生だったので、コレラやチフスに侵され、山岳の洞穴で全員死に絶えることがしばしばであった。

旅の途中、こうした山賊の横死をみて、神の罰が当たったと、人びとは噂し合った。

ヤナーの父は信仰に対してそれほど盲目ではなかったが、しかし、バラモン教の教えに矛盾はあっても、これに替わるものがなかった。

ことに代々戦乱が絶えない中で、大地主として家系が保たれて来たのは、先祖の恩恵とバラモンの信仰によると信じて疑わなかった。

「ヤナーよ、先祖代々バラモン種として信仰してきたお蔭で我が家は保っている。疑問はあっても、今まで通りの風習を守って欲しい。信仰を捨てればどうなるか。バラモン種の反発を考えて欲しい。ヴェシャー（商工業者）シュドラー（奴隷）ならいざ知らず、我が家はれっきとしたバラモン種だ。世間体を考えてくれ。わしにも神々のことは分からない。しかし、昔通りの生活を守っていれば間違いはないのだ。お前が多くの使用人に可愛がられて育ったのも、広大な土地を先祖が残してくれたからだ。あまり考えず、今まで通りの生活をしなさい」

父の気持は、ヤナーにも痛いほどわかっていた。

自分の行く末を考え、仕合わせを願う父の心に感謝せずにはいられなかった。

しかし、大地主と小作人についても、彼は疑問だった。

同じ人間でありながら、なぜ、このような不平等が生じてるのだろう。広大な土地を所有していたとしても、その土地を耕し、食糧を生み出してくれるものは、ほかならぬ小作人の労働によってではないのか。

たしかに、彼らは与えられたことしか仕事はしない。自分が食うだけのことを為せばそれでよしとして毎日を送っている。いってみれば人のことより、自分のことのみだった。

しかし、もし彼らに人間としての生きる目的なり、喜びを理解できるような何かがあって、これに気がつきさえすれば、彼らはもっと自分を大事にするようになるのではないか。

今の自分は、その何かについては何も分からない。しかし、現在のような小作人の上に乗って優雅な暮しをする大地主の立場は矛盾が多すぎる。

自然の環境をながめていると、人間であるかぎり、神の光は誰彼の差別なく平等に与えられている。

恵み多き太陽、水、土地、そしてそこから生み出される食糧。どれ一つとっても、ある特定な人間の占有物は何一つとしてない。

バラモン種だけが神々の使いというのも、おかしい。

ところが、バラモンという家系によって、バラモン種は自分たちを皆、神の使いとしてしまう。

信仰の形式がどうあろうと、こうした考えはおかしいのではないか。

こうした矛盾は父が自分を納得させようとすればするほど、心の底から湧き上がって来た。

しかし、今の父にそれをいっても理解はしてもらえないし、だいいち、こちらに、父を得心させるだけの説明は、今はできない。

ヤナーは気分を一転させると笑顔をつくり、

「お父さん、心配しないでいいよ。どんな疑問があっても、先祖代々伝わって来たんだから、そこには何かがあると思う。もう私のことでお参りしないで下さい、今迄通りやって行くから――」

父はこの言葉をきいて、やっと安心した。

それからのヤナーは、マーハー・バラモンの修行者やマーハー・イッシー（大仙人）たちの修行所を訪ね、今迄の疑問点を質して歩いた。

しかし、どこの修行所、大仙人に会っても結論は同じだった。

「伝統……」

が、バラモン教を支える唯一のよりどころであったからだ。

そこでヤナーは、最早、修行者に会っても得るものはないとわかると、こんどは、自分も一つ瞑想の禅定をしてみたいと思うようになった。

修行所に行くと肉体行で苦痛にたえている者がいたが、その途中の森や林にはサロモンたちが瞑想し、自分を見極めようとしている。

ヤナーにとって瞑想もその仕方も、また、なんのためにそれをするのかも判断がつかなかったが、しかし知識として理解出来ない以上は、自らの体験によって知るしか方法がないと、思うようになっていた。

彼は見よう見真似で林の中に座った。

最初のうちは、腰や足がしびれ、座禅そのものの苦痛を知った。

修行者から聞いたり、自分で工夫したりして、やがて長時間座れる習慣が身について来た。

瞑想が深くなるにつれ、何かが見えるような気持になるが、時を置いて続けても何も見えなかった。

二　ヤナーの結婚

父はヤナーの言葉を信じたものの、その後のヤナーの様子がこれまでとちがって来たので、もう二十歳なので家庭を持てば落着こうと考え、結婚させることを計画した。

両親は、適当な娘を何人か選ぶと見合いさせた。だが彼はその都度まだ早いといって、ことわった。

ヤナーは結婚話が急に持ち上がったことに一抹の危惧をいだいた。

両親の気持がわかっているだけに、自分がそれに妥協する不安があったからだった。

そこで彼は、ある時一人で隣国のヴェサリーの都に行ったり、さらに遠いパラナッシーの都をめざして旅に出、再び、修行所を訪ね歩いた。

得るものはなかったが、修行所で、ある噂を耳にした。

その噂とは、近い将来に本当のアポロキティー・シュバラー（観自在力）が出現するということだった。それは三十二相を兼ね備えたブッタであり、人びとを真に救済するという予言であった。

ヤナーはこの噂をきいて、将来必ずそのシュバラーの下で弟子となり、人生の苦悩を解脱しようと意を固めた。

旅の目的は果たせなかったが、家に帰ると、両親を安心させるために、身を粉にして働いた。

彼は両親に対する思いやりも厚かったが、使用人にたいしても親切だった。

彼は小作人の仲間に入って、小作人と同じように精を出すので、小作人からヤナー様、ヤナー様と信頼をうけるようになっていった。

両親は夢中で働く彼を見てかえって不安になっていった。

嫁が欲しくないということは家庭を持たぬことを意味し、ヤナーがある時忽然と、自分たちの目の前から姿を消すのではないかという不安だった。

ヤナーの友だちは殆ど結婚し、子供があった。生活に何の不安もないヤナーがなぜ結婚を拒むのか。

年が若い、まだ早いという理屈はどうみても通らなかった。

しかし、こればかりは本人がいやがるものを両親が押しつけるわけにはいかない。さて、どうしたものだろう、というのが両親の偽らざる気持だった。

二十三歳の時、ヤナーは隣村の親しい友人チュダニヤの家を訪ねた。

「チュダニヤー、暫らく……。今日は君のお父さんに美人の木像を一体つくって欲しいと思って来たんだ。お父さんいるかい」

「ヤナー、美人の木像はいいが美人の奥さんをもらったらどうなのだ。独り者はお前一人じゃないか。余り考えるなよ。僕はもう子供が二人いる。働く張り合いもあるし、子供は本当可愛いよ――」

「そうだろうなー。私の妻になる女の像を作ってもらおうと思って来たんだ」

「ヤナー、君の嫁さんの像をなぜつくらなければならないんだ。君は本当に変わり者だね」

「いやそうじゃない。私の理想の美人の像を両親に見てもらいたいんだ。像と同じ理想の美人が見つかったら結婚しようと思って、その見本というわけだ」

「アハハハ……。君らしいことをいう。ちょっと待ってくれ――」

チュダニヤは別棟で仕事をしている父のところに姿を消した。

作業場で父子の会話が聞こえ、やがて、人の好さそうな五十年輩の男が笑いながら現われた。

チュダニヤの父は笑いながらヤナーに軽く目礼し、

「ヤナーさん暫く、お父さんはお元気かね。せがれから話を聞いたが、大変、むずかしいご注文なのでびっくりしました。理想の美人の顔立ち、容姿など説明してくださいますか」

そう言いながら、ヤナーの顔を見つめた。

ヤナーにとって、美人像は決して思いつきではなかった。真剣に考えた末のことだった。

バラモンのカシャパー家といえば、近村の人びとは知らぬ者はいない。チュダニヤの父も、マーハー・カンピラを尊敬している一人だった。働き手が病気になり生活が困窮している家があると、食糧を届けたり、衣類や薬草などを持たせてやったりする篤志家でもあったからだ。

「父もおかげさまで元気ですごしております。結婚は両親からいわれていますが、なかなか理想の女性が現われません。それで、せめて理想の女性を像にして、両親にお願いしようと思っているんです。いうなれば梵天界の天女《てんにょ》のような、カッシー産の絹の衣をまとった美しい女性です。製作費はご希望通りいたします。よろしくお願いします」

ヤナーはペコリと頭を下げた。

天女といえば、空を駆けめぐる清楚にして華麗な美女が連想される。地上界の女性の美点を凝結させた、いわば人間の生みの母のような存在であった。仏を讃美し、仏の心をたくみに音楽にかえて、人びとに天上の喜悦と安らぎを与えてくれる。

カンピラは、ヤナーの注文がどこにあるのか、そこはやはり芸術家の彼は素早く見抜いていた。

「承知しました。しばらく、お時間を下さい。顔や容姿がある程度出来上がったところで、ご連絡しましょう。まあ、安心しておまかせください」

せがれのチュダニヤの顔を見、彼はニッコリと笑った。

「ヤナー、よかったなあー。父が引き受けてくれたので、私も安心した」

「ありがとう。これで私もホッとした」

「せっかく、家に来たのだから、今日は私のところに泊っていったらどうだ。いろいろ話したいこともあるし……」

「チュダニヤ、ありがとう。ゆっくりして行きたいが、少し急ぎの用もあるし、今日はこれで失礼する。こんど来たとき、ゆっくりさせてもらう。ご親切、本当にありがとう」

チュダニヤは妻を伴って、ヤナーを外まで見送ってくれた。

「ヤナー、像が出来たら私が連絡に行く。気をつけて帰れよ」

「私の家では両親に像のことは言わんで欲しい。私に直接連絡して欲しい。ではさようなら」

二人は手をふりながら、別れた。

陽はまだ高かった。

ヤナーは、四、五日、自分を見つめたいと思った。前から山中で、サマナーやサロモンたちと同じように、その修行を一人でしてみたいと思っていたからだ。

彼は家には帰らず、森の中にはいって行った。

正座する場所を定めると、薪を集め、夜を迎える準備にとりかかった。

この森は、かつて、マーハー・イッシー（大仙人）を訪ねたベッサリーの郊外にある森と似ているので、何となく懐かしかった。陽は、すっかり沈んだ。なだらかな起伏のある丘が黒く見え、林立する樹木は、さながら怪物のように思えてくる。

ヤナーは薪をどんどん燃やした。

彼はヨガの法に適った姿勢をつくり、瞑想に入っていった。

だが、瞑想すると、妙に雑念が次から次に湧いてきて、心は渦を巻き、落ち着かなかった。

ヤナーは美人像について、心の中でつぶやいた。

「最高の美人ができれば、まず、嫁の該当者はみつかるまい。嫁をもらえば子供ができるし、そうなれば出家はできない。結婚はやはり絶対にすべきでない」

「完成した美人像を見れば、両親はきっとあきらめてくれよう。両親にはすまないが、美人像を見れば、私の気持を理解してくれるだろう」

「チュダニヤの奴、この私の心を分からないので、彼は私を不思議そうに眺めていた。おそらく、嫁さんの見本をつくってくれなどと注文を依頼したのは、私をおいてほかにはいまい。これ以外に両親を納得させる道はないし、これなら絶対に両親もあきらめてくれるだろう」

「しかし、チュダニヤの父はどうだったろう。あの人の顔を見ていると、私の心の中をみすかされているような気がした。あの人は、あるいは私の気持を察していたかも知れない」

ヤナーは、次々と湧いてくる雑念で瞑想をやめ目を開けた。

焚火は炎々と炎を上げて燃えていた。

炎の明りで樹木が生きた怪物のように見えてくる。しかし、ヤナーは、もう心がすっかり落ち着いていた。

夜空を見上げた。

樹木の間にまたたく無数の星が、キラキラと明滅する。いっそこのまま、明滅する星間にとんでいきたい衝動にかられる。

星を見ていると、自然の神秘にだんだんと心が奪われ、雑念が不思議と消えていくのだった。

焚火に目を移すと、現実の自分に引き戻すかのように、炎はピシピシと音をたてた。

炎をみつめると、炎は、たしかに、生きている。

火は、生の象徴のように思えてくる。枯れ木や樹木は何も語らない。しかし、枯れ木や樹木に火を与えると、樹木は炎を空中にはき出し、赤、青、黄の色彩をまじえながら、自己の存在を主張するかのようだ。そして、周囲を明るくし、暖めてくれる。

人間の体温も、なにかが体内に燃えているから、暖かい。

体温のない人間は人間ではないだろう。体温のない人間は、生命のない抜け殻である。

生命は、やはり、火なのだ。

生ある者は、生命の火によって、生き長らえる。

火は現実であり、火は、生あるものの証なのだ。

しかし、火炎そのものに、生命があるのだろうか。

火炎の奥にかくされた、神秘の何かが、火炎をつくり、生命を与えている。

その何かとはなんだろう。

ヤナーは、炎をみつめた。炎をみていると現実の自分にかえっていた。

恵まれた今の生活の中で、自分をみつめることは可能かどうか。

人は環境に順従にできている。暖衣飽食の環境の中では、自分をほんとうにみつめることはできないだろう。知らず知らずのうちに、奈落《ならく》の道に引きずり込まれよう。

師を求めて、何日か旅をした。

しかし、自分にピッタリの師はどこにもいなかった。

バラモンの神を祀ったり、厳しい肉体行によるシュバラー（悟り）への道は、やはり遠いのではあるまいか。

シュバラーへの道は、ではどこにあるのだろう。

さまざまな想念がヤナーの心の中に浮かんでは消えた。

ハイエナの遠吠えが、樹林にこだまする。

夜鳥のかん高い鳴き声が、ヤナーの耳に入ってくる。

森林の夜は、やはり無気味であり、この地上には、自分一人しかいないような錯覚さえおぼえてくる。

ヤナーは将来のことを考えているうちに、ついに夜を明かしてしまった。

一晩、一睡もしていないのだから、疲労が伴うのは当然だが、不思議と疲れを覚えなかった。

太陽が昇り、朝のすがすがしい空気は、そのままヤナーの心であり、体であった。

ヤナーは、それから三日ほど、この森ですごした。

瞑想によるこれといった収穫はなかったが、晴々とした気持で帰宅した。

前々から、四、五日旅に出ることを両親や小作人、召使いに伝えていたので、彼が帰宅すると、みんな笑顔で迎えてくれた。

「お帰りなさいませ。若旦那様の元気なお顔を見てホッとしました。お留守中に予定の仕事は終えておきました」

古くからいる年長の召使いが、こう報告した。

ヤナーは、マンゴー園の垣根造りを小作人たちに命じておいたのだった。

バラモン修行者やシュドラーらが、ことわりもなくマンゴーを盗んで行くので垣根を張ることになったわけである。

他人のものを黙って失敬するのは良いことではないし、だいいちそうしたことは勤労にたいする感謝の念を失い、堕落という罪をつくっていく。

そうした罪を防ぎ、罪の原因をとりのぞくためにも垣根の必要を感じ、マンゴー園を竹で囲ったのであった。

あれから数十日がすぎた。

美人像の件でチュダニヤが見えた。彼は笑いながら、その出来映えをヤナーに告げた。

ヤナーはさっそく、馬に乗ってチュダニヤの家におもむいた。

像は立派に完成されていた。彼がみえると像に衣類が着せられた。

「どうです、ヤナー様。この程度でよろしいでしょうか」

チュダニヤの父は、いかにも自信ありげにこう言った。

「ヤナー、これは絶世の美女だ。こんな美人を探すとなると、お前の両親も大変だね……」

そばに立っていたチュダニヤがひやかした。

ヤナーは、彫られた像をしげしげと眺めると、軽くうなずき、微笑を浮かべた。

「よくできましたね、私の描いていた美人にそっくりです。ありがとうございました」

「いやいやまだ完成ではないのです。顔や手足に化粧をほどこさねばなりません。これでよければ化粧をし、終わりにします。もう二、三日で完成です。では、終わり次第、せがれに持たせます」

像の高さは五十センチほど。顔の輪かくはふっくらとしているが、どちらかというと細面の感じのする顔立ちであった。眼は切れ長で、鼻筋がとおり、口元は微笑をたたえている。

髪は長く、肩のうしろの方まで垂れ下がっていた。

衣服は注文のカッシー産の薄手の絹が着せられているが、これに化粧をほどこすと、この世離れをした美しさになろう。

「私の想像の女性とピッタリです。ありがとうございました」

チュダニヤの父は、ヤナーの顔をのぞくと独りうなずいていた。

それから何日かたって、ヤナーは完成された像を両親の前に差し出した。

両親は、初めなんだろうと、いぶかっていたが、ヤナーの話を聞いて驚いてしまった。

「お母さん、私の嫁さんはこの像と同じ女性で、同じ種姓の家系から探してください。お願いします」

両親は開いた口がふさがらなかった。

いくらなんでも、この像とそっくりの女性を探せといっても、そんな女性はいないのに決まっている。この子は何を求めているのだろうと、思うのだった。

人形は、両親を見つめていた。透き通るような肌をして、そして、今にもその口から話しかけてくるようであった。

ヤナーは、両親の顔を見ていたが、何かかわいそうな気がしてきて、目を伏せてしまった。

人形をはさんで、親子三人の間に沈黙がつづいた。

重い空気が流れて来たが、その空気を破るように母親は言った。

「お前のいう通りにしよう。きっと探してあげる。気立てのやさしい、そして、この人（像のこと）のような美しい女性をきっと探してあげます。お母さんだって、こんなきれいな人が家に来てくれたら、それはもう毎日が楽しくて仕方がない。世の中は広い。必ずいます。いるからこそ、この像が彫れたのです。この世にないものは、想像することはできないはずです」

ヤナーは黙って聞いていた。

父親は、空しくから回りする妻の言葉を腕組みしながら聞いていた。

しかし、父親にもヤナーが出家を意図して、この像をつくらせたとまでは考え及ばなかった。

ヤナーの母は、早速せがれの注文に応えようと、家に出入りするバラモンの修行者たちに人形を見せては、この人形と同じ容姿の女性を探して欲しいと頼むのだった。そして、探せた者には、多くの財宝を与えると約束した。

いよいよ一家をあげてのヤナーの嫁探しが始まった。

ある時、バラモンのソンダリという修行者が母親を訪ねて来た。

人形とそっくりの女性を知っているというのである。

そうして彼は、その女性を見るために、母親にご同行願いたいと申し出た。

母親は欣喜雀躍《きんきじゃくやく》した。

やはり私の思う通りだったと、彼女は喜色に包まれた。

ヤナーの両親は、ソンダリと一緒に隣国のザーガラの町に出向いた。

その町に住むマーハー・ベシャーのマシャー家の娘、バドラーというのが、めざす女性であった。

マシャー家を訪ねた両親は、彼女を見た。

ソンダリがいうように、顔立ちといい容姿といい、生きた人形そのままだった。

「マシャー様、わたしは隣国のマーハー・カンピラと申す者ですが、私の息子ピパリー・ヤナーの嫁に是非ともバドラー様をお迎えしたいのです。実はお恥ずかしいことですが、息子は、この人形とそっくりの女性とならば結婚してもいいと言うのです。私共は四方にそういう女性を探しておりましたが、お宅のお嬢さんこそ、息子の希望に適うお女《ひと》と思い、お願いするわけでございます。どうか、私ども親子の希望をかなえてやって下さい。息子をつれてまいりますから、お目通しをお願いいたします」

カンピラは辞を低くして、マシャーに頼みこんだ。

「あなたがカシャパー家のカンピラ様ですか。遠路はるばる、ようこそおでかけくださいました。慈悲深いお方だと、お噂は聞いております。ご子息様のお話もうかがっていますが。今のお話、私どもに異存はありません。ただ娘のバドラーの考えを聞いてみないことには、今ここでお返事するわけには参りません。娘とも相談し、お返事を申し上げます。しばらく、お時間をお貸し願いたいと思います」

天から降って湧いたような良縁に、マシャー夫妻は心から喜んだ。娘を口説いても、この良縁は実らせたいと、マシャーもその妻も願うのだった。

マシャー夫婦は娘のバドラーに、ヤナーの話をした。そしてカンピラ夫妻が持参した木像を見せた。

バドラーは、カンピラ夫妻が持参した木像をひと目見るなり、何かにはじかれたような気がした。自分の分身がそこに立っているようであり、何か恐ろしいものに出会ったような気もした。

世の中には不思議なことがあればあるもの。まだ自分は、ヤナーという人に会ったことも、言葉を交わしたこともない。しかもこの人形をつくった人は当人ではなく、彫刻師のはずである。

といって、バドラーは今、目の前に置かれている美しい女性が、そのまま自分自身に生き写しとは思ってはいなかった。ただ、人形を見せられた瞬間に、人形のどこかが自分に似たところがあり、何か不思議なものにつき当ったような気がするのだった。

「どうだおまえ、いい話ではないか。カンピラご夫妻の噂はお前も知っていよう。そのご子息のヤナーという人が、こういう女《ひと》をお嫁さんにもらいたいと願っているというのだ。この人形は私の口から言うのもおかしいが、お前によう似ている。願ってもない話だ。お前がウンと言ってくれれば、ご両親の方がヤナー様を私たちの家に連れてくると言っている。今すぐでなくともよい。よく考えてから返事をしておくれ」

マシャー夫妻は娘のバドラーに、こんこんと言い聞かせた。

バドラーは両親から願ってもない良縁といわれて、心が動いた。

それまでの彼女は、結婚については生涯したくないと思っていた。できれば出家をして、気の毒な人びとを救っていきたいと考えていたのである。

なぜこんな気持になったかといえば、二年ほど前、父につれられ、コーシャンビーに旅をした。

すると、コーシャンビーの町の外れにライ病患者だけが寄り集まって生活している場所があった。

父はついうっかりして、その近くを、バドラーをつれ、通りかかった。

バドラーは、ライ患者の哀れな姿を見ておどろいた。

彼らは深い谷あいのわずかな平地で、雨露をしのぐ小さな家をつくり、人々の善意な布施と、農耕で、かろうじて生命をつないでいた。

よく見ると、鼻のない者、片腕が腐ってブラブラしている者。髪の毛が抜け、男とも女とも知れぬ人びとが明日に希望もなく、無気力に動いていた。

山の中腹から見たのだから、はっきりとは見えなかったが、父からあとでライ患者の集団生活場と聞いて、バドラーはこの世に生き地獄のあることを知り、心が凍《こお》った。

さらにまた、旅のあちこちに、天災や災難で両親を失った貧しい子どもたちが、乞食をしているのを見、気の毒な人びとを助けたいと思うようになっていた。

旅に出るまでは、家庭での楽しい団欒《だんらん》しか知らなかったので、いずれは嫁に行き、楽しい家庭を作りたいと無邪気に考えていたのである。

だが、このとき以来、彼女の夢は破られ、変わった。

人生は楽しいことばかりと考えていた幼かった人生観が百八十度も方向を変え、人生に対して疑問を抱くようになっていたのであった。

両親からヤナーの縁談話を聞かされたときは、はっきりと断る心算《つもり》でいたが、自分にうり二つの人形を見て、ヤナーという人に、一度会ってみたいような気持になっていた。

両親は、バドラーの承諾を聞いてホッとした。

さっそく、このむねをカンピラ夫妻に報告した。

カンピラ夫妻は手をとり合って喜んだ。

両親は我が家に戻ると、すぐにヤナーにバドラーのことを伝えた。

「ヤナー、お前の理想の女《ひと》がみつかった。おめでとう。さあ、おまえも、その女を見てくるがいい。それはすばらしい女性だ。気立ても優しそうな人だし、お前にふさわしい女だ」

ヤナーは両親の話を聞いて、心が暗くなった。

まさかと思っていたことが、こう早く実現されるとは、想像もしていなかったからだ。そんな人がこの世にいるのだろうか。

彼は心の中でつぶやいた。

〈あの人形は嫁探しの偶像ではない。両親に私の結婚をあきらめてもらうためにつくったのだ。自分の口から両親の心を傷つけたくなかったので、人形を通して結婚をあきらめてもらおうと思っていたのだ。それなのに、これはいったいどうしたというのだろう〉

だが、ヤナーにとって、今さら後には引けなかった。ヤナーの心中なぞ、両親に知るよしもなかった。

彼は、両親に言われるまま、バドラーに会った。

そして彼は、その人形を、婚約のしるしとして、バドラーに正式に贈ることになった。

一方、バドラーにとっては、それほどまでに私のことを思って作られた方なら、結婚しても良いと考えたのであった。

かくて、ヤナーとバドラーの二人は、不思議な縁生の導きで結ばれて行った。

この時、ヤナーは二十三歳、バドラーは十六歳であった。

三　精神だけの夫婦

ヤナーとバドラーの二人は両親や親族、友人、それに多くの小作人、召使いに祝福されて華やかに式を挙げた。

酒宴は幾日もつづき、二人の人生の門出を人々は祝いあった。

結婚初夜の日、ヤナーは自分の将来の設計についてバドラーに聞かせた。

将来の設計とは出家であった。出家の目的は神理を悟り、人々を救うことであった。

今日の結婚は両親を安心させるためであり、両親が納得するときがくれば、明日にでも出家したいと語った。

はじめ、この話を切りだすにあたって、ヤナーは言葉がつまった。

女性にとって結婚は生涯の夢でもあろうし、家庭を築くことは女の生き甲斐でもあろう。

よりによって結婚の当夜に出家の話をするなど、男の我儘とみられても仕方がない。もし最初からそのような計画があるならば、こんどの結婚はバドラーをはじめ、両親縁者の心を傷つけることになるであろう。こうした儀式は、最初からすべきではないし、だいいちそれなら、そこにどんな理由があるにせよ親子三人で話し合って決めるべきものであった。

結婚と出家とは相反する事柄でもあるし、自己矛盾もはなはだしい。

彼は、誠意をつくして話した。自分の意中をこと細かに語った。そして、自分の我儘を許して欲しいとバドラーに懇願するのだった。

彼はこの話をしている間は、バドラーの顔をまともに見ることができなかった。うつむき加減で、自分の考えを、すべて、さらけ出すことに懸命だった。話を終えた彼は、ホッとして、彼女の顔をおそるおそる見あげた。よく見ると、彼女の目に涙が浮かんでいた。

はじめは悲しみの涙かと思った。

ところが彼女は、ソッと両手を差し出すとヤナーの両手をしっかりとつかみ、静かに語りだした。

「ヤナー様、よくお話してくださいました。実は私も出家を考えていたのです。父につれられ、旅に出たときに多くの不幸な人たちを目の当りに見、人生は楽しいことだけではない、不幸な人がたくさんいることを知りました。私はそれ以来、不幸な人たちに少しでもお役に立ちたい、私のできることはなんだろう、こうした人たちをお世話することではないだろうか、と考えるようになりました。そうしたときにヤナー様からお話があり、私は、実のところ迷ったのでございます。もし、ここで結婚をしてしまえば、家庭の人となり、そうした不幸な人たちのお世話はできなくなる。さてどうしたものだろうと、父や母にこのことをうちあけることもできず、迷いに迷ったのです。迷いの末、私も女です。家庭にたいする夢がありました。生涯に一度でいいから家庭の人となってみたい。そうして人生の経験をしてからでも出家は遅くはないのではないか、と……。私は欲張りなのですね。ヤナー様からいただいた人形を見て、この方とご一緒ならば、あるいは何でもできるような気もしましたし、私の我儘を将来適えてくださる方ではないか、と思ったのです。今、はからずも、ヤナー様から出家のお話を聞き、私の心もやっと決まりました。よく打ち明けてくださいました。こんなにうれしいことはありません」

話を聞いたヤナーは、バドラーの顔をあらためて見直し、そして礼をいい、こうもものの考え方が同じであった不思議な出会いに、彼は深く神に感謝するのだった。

かくして、精神だけのつながりによる夫婦が誕生した。

通常の夫婦の交わりはないが、二人の仲は円満そのものであった。

誰の眼にも二人の愛の結晶がやがて誕生するものと期待された。ヤナーの母はそれを待ちつづけた。

こうして四年が過ぎた。

両親はバドラーに子どもができないことを残念に思った。どうして子どもがさずからないのだろうと、不審をいだきはじめた。

両親はバラモンの神に願いをこめた。

どうぞ我が家に孫がさずかりますようにと、祈る日がつづいた。

だが、若い二人の間に子どもができようはずがなかった。

そうこうするうち父のカンピラは、孫の顔を見ることもなく、一晩病むとアッという間に他界してしまった。

母の悲しみは深くなった。あせりのようなものが、誰の眼にも感じられた。

代々続いたカシャパー家が、このままだとヤナー一代で終わってしまうからだった。

ときおり、母はバドラーに、それとなく様子を聞くようになった。

バドラーはそのつど返事に窮したが、母の心を痛めないよう話題をはずし、やっとの思いで切りぬけるのだった。

夫婦の秘密は母に語るわけにはゆかない。

といって、このままでは母を騙しつづけることになってしまう。

バドラーは進退きわまって、いっそほんとうのことを打ち明けようかと、何度思ったかしれなかった。

ある日、バドラーはヤナーに夫婦の秘密をどう説明したらよいか、打ち明けるべきか、すべきでないかをたずねた。

ヤナーもその点は悩んでいた。彼にもこれといった対策はなかった。

彼の結論は、ここまできた以上、母にはすまないが、このまま通すより方法がないと考えた。

バドラーも結局、ヤナーの言葉に従うよりほかにすべがなかった。

カンピラのいないカシャパー家は、いきおい暗くなっていった。

子どもがいないこと、これに伴う母親の心痛、第三には肉身の別離による人生の無常感が、ヤナーの心をとらえて離さず、ひしひしと何者かに心が締めつけられてくるようであったからだ。

行動的な彼の日常は次第に緩慢になってきた。もの思いに耽ける日々が多くなってきたのであった。

同時に、出家したいとする心の輪が次第に大きくふくらんでくるのであった。

彼は、まずその準備の第一段階を実施に移すことを決めた。妻のバドラーと相談をし、広大な耕地を小作人たちにはっきりと区分してそこを耕作させ、将来それを、小作人たちに与えることにした。

母親が健在の間は、母親にも小作人にももちろん内密にする。

彼は妻の諒解をとると、ある日、召使いや小作人たちを集め、父の亡きあとのこれからの計画を示すのであった。

「皆さん、今日お集まりいただいたのは外でもありません。父の生存中はいろいろカシャパー家のためにご協力を願いありがとうございました。今日からは私が皆さまの責任者としてやっていきます。ついては父と同じようによろしくお願いします。

さて、小作人の皆さまは、今後一家族ごとに耕地の区分をはっきりと定め、今日からは私が指導した通りに、それぞれが境界をつくり、定められた境界以外の責任を持つことはありません。つまり、定められた区域内の責任だけ果たせば良いわけです。自分の責任区域は皆さん一人一人の責任と勤勉によって、より以上の大きな収穫をあげることができるでしょう。

またマンゴ園についても、係の小作人の皆さん一人一人に分担を定めますから、管理に責任を持って作業をしていただきたい。

農産物を町に輸送する皆さまは、商人の方々と常に連絡を取りあって、能率的に計画をつくってやりなさい。

それではそれぞれの与えられた分野で責任を持って頑張って欲しいと思います」

こうしてヤナーは各人にその仕事の領分をはっきりと定め、自立できるようにしむけたのであった。

小作人たちの能率は上がった。父の在世当時以上の成果をあげていった。

ヤナーが三十三のときであった。

ついに来るべきときがきたようであった。

長年可愛がってくれた母が眠るように他界していったのである。あれほどに望んでいた孫の顔を見ることもなく、いわば、晩年、不安心のままで、その生涯を閉じた。

ヤナーは母親の死に対して、胸がしめつけられるような思いだった。

いっそその事実を打ち明け、母親の理解を求めようかと、何度その気になったことか。

しかし、それを話せば母親のなげきと悲しみはいっそう深いものとなり、定命をちぢめることになったかもしれなかった。

やはりこのままでよかった、と葬儀を終えたあと、ヤナーは独りそうつぶやくのであった。

子どもはいなかったが、母親の救いと慰めは、バドラーの明るい心と真摯《しんし》な態度にあった。

母親のいうことはなんでもハイハイときいたし、母親の影のようになって身の回りの世話をした。

親子でもああはいかないと、誰もが、バドラーの健気な態度に打たれていた。

バドラーにたいする母の最期の言葉は、

「私のような我儘な者をよく面倒をみてくださいました。孫の顔を見ないで死んでいくのは残念ですが、でもあなたのような立派な嫁がそばにいてくださったので、楽しい毎日が送れました。ほんとうにありがとう。ヤナーをよろしくたのみましたよ」であった。

母親の呼吸がとまり、二度と再びその口から言葉が発せられなくなった瞬間、バドラーは大声をあげて泣いた。

そして、これまで嫁として、母親に真の安心を与えることができなかった不幸とその罪について深く詫びるのだった。

脇にいた心の優しいヤナーは、その場にいたたまれず、自分の部屋に入るなり、彼も男泣きに泣いた。

母の葬式が済んで四十九日目のことであった。

ヤナーとバドラーは頭を剃髪し、その身を僧衣に包むとただちに出家の仕たくにとりかかるのだった。

小作人たちは全員庭内に集まって来ていたが、二人の姿を見た瞬間、彼らの間でどよめきが起こった。

ヤナーとバドラーは二人並んで皆んなの前に立った。

ヤナーはざわめきがつづく庭内の空気を手で制しながら、ゆっくりした語調で次のように語りだした。

「皆さま、私たち夫婦は今日ただいまより出家することになりました。

今から六年前に、皆さまにそれぞれ境界をつくって耕地の責任を持っていただきました。皆さまもその責任を十分はたされ、それぞれ一人立ちできるようになりました。今後は与えられたその環境で、自分の土地を大事にして、自由に耕作に励んでください。カシャパー家の全財産を皆さまに平等に分けることにしましたので、それぞれの耕地は皆さま一人一人のものです。

ただいまから私たち夫婦は、皆さまの主人でも何でもありません。私たちはこれから、一修行者として余生を送ります。どうかよろしく……」

小作人の間でどよめきが再び起こった。つづいてここかしこから、

「ヤナー様……」

という絶叫が聞こえ、泣きさけぶ者も出て、庭内は一時混乱状態となってしまった。

長老格の老人が目をしばたきながら、ヤナーに懇願した。

「ご主人様、私たちを捨てねえでくだせえ。ご主人様のいないわしたちはこれからどうして生きていけばいいのだ。決して迷惑はかけねえです。なあー皆んな……、そうだなあー」

「皆んなの気持は分かるが、もうあなた方は、六年も前から自分の耕地を立派に耕すことができるようになった。わたしがいなくとも、皆んな協力しあって行けば、今まで通り、いや今まで以上に豊かな生活ができる。泣くのはやめて欲しい。さあ頑張って、自分たちの土地を自分で守り、立派に育てていくのだ。

ウダイ、おまえは小さい時から私のそばにいて、私の考えていることをよく理解していたではないか。みんなのよい相談相手になってやりなさい。皆さん、ウダイに分からない問題があったらよく相談し、みんなでうまくやっていってください」

ウダイはとうとう泣きだしてしまった。彼は言葉にならない言葉で、

「だんな様……、ならばわしもいっしょにつれてってくだせえ。どんなおてつだいでもいたしやす。どんな苦しみにも負けねえです。おねげえです……」

「ウダイ、まだおまえは分からんのか。おまえはここに残ってみんなの相談相手になるのがつとめだ。おまえがやらなくて誰がやるのか。

皆さん、私の気持を察してください」

ヤナーもやっとここまでいい終わると、言葉がつまってしまった。

ふと、かたわらをみると、バドラーが、大事にしてくれた召使いや小作人たちと別れを惜しんでいた。

悲しみの姿を目のあたりにすると、ヤナーもいたたまれず悲しみがこみあげてきて、そこに立っているのがつらかった。

皆んなの愛慕の情をふりきるように、二人は家をあとにした。

ヤナーは長年住みなれた家が遠くなるにしたがって、今までのできごとが遠い過去の記憶のように思われてきてしかたがなかった。

考えてみると、先祖代々栄えて来たカシャパー家といっても、いってみれば小作人や召使いたちの犠牲の上に築かれてきたのであった。

耕地は小作人たちの労働によって耕されてきている。彼らによる血と汗の結晶を彼らに返すことになんの不思議があるだろう。

先祖にしろ、父にしても、この地を去るときに、何一つとして、地上の財産を持って帰ることができなかったではないか。

千人を越す小作人たちに、これ以上の犠牲を強いるわけにはゆかない。

彼らに返すことによって、仕事に希望がひらけ、明日の生活を約束づけることになろう。

自分のしたことは正しいことだ。

先祖に対しても正しいことをしたまでだ。先祖は、この私の処置に決して不満はないだろう。

母が物故してまだ四十九日しかたっていない。

母はこの私の処置にあるいは不満を抱くかもしれない。

がしかし、やがてきっと分かってくれるときがあろう。

僧衣のヤナーは、何か大任を果たしたすがすがしい気持が心の中から湧いてきて、住みなれた故郷が遠のくにつれ、足取りも軽くなっていた。

ここでちょっと説明を加えたい。

それは、ヤナーが母の死後四十九日をすぎて、なぜこのような措置をとったかということである。

昔から人が息をひき取ると、四十九日間は家の棟を離れない、という言い伝えがあり、このことは当時のインドにも伝わっていたのである。

どこから伝わったかといえば、バラモン教である。

ただ四十九日については、今日の言い伝えと、当時のそれとは多少ニュアンスがちがっている。

それはどういうことかというと、物故して家の棟を離れない期間は、実際には、長くて二十一日間というあの世のしくみがある。

ゴーダマ・シッタルダーが反省の禅定をして、二十一日目に、あの世・梵天界にいわば昇天して、講演をしている。これは一つにはあの世のしくみにそって行なわれているからである。

ゴーダマ・シッタルダーの場合と死者のそれとは内容において大いにちがうが、ただ、死者の霊といえども、どんなに地上に執着があったとしても、二十一日を過ぎると、いったんはあの世の収容所に行かねばならないしくみになっている。

そうして、大体において残り二十八日の間に、それぞれの魂の状態によって、いわゆる、天国と地獄の居住地におちつくことになる。

ところが、この間に、もし地上の人たちがあの世に行った魂の心をゆさぶるような行動をとると、一度は他界して居住地に魂は定着するが、同時に、地上の執着の場に、すぐコンタクトされ、いわゆる自（地）縛霊となって、地上界の人々に、さまざまな影響をおよぼすことになる。

したがって、死者が出たとき、死者との関係における諸々の処置は、ふつうは、やはり四十九日をすぎてから行なうべきものなのである。

たとえば、死者が出てまだ幾日もたたないのに、死者が生前大事にしていた金銭財宝などを残った者が勝手に処分をしたり、形見分けしたり、兄弟姉妹が財産争いを演じたりすると、死者の霊はそれを失うまいと必死に抵抗してきて、事故や災難を引き起こすモトになる。

もっとも霊によっては、四十九日をすぎても、地上に自縛霊となる場合もあるが、こうした例は、よくよくでないと起こらない。

だが、最近は物欲主義が地上をまかり通り、死後の世界はないと思う人が相当に多いので、自殺や苦痛のうちに死んだ者以外でも自縛霊となって、人に助けを求めて憑依する霊が多くなっている。

このため、地上界はますます狂乱時代を迎えているといえよう。さて、ヤナーのこれからの行き先は、これといったあてすらなかった。もちろん、帰る家すらもない。

彼の家は、いたるところにその場所を提供している大自然であった。それこそ境界もなく、したがって争いも発生しない平和な大自然という環境が彼の住居であり、庭であり、生活の場であった。

誰の束ばくもうけず、奪われるものも、捨てるものさえなかった。

こうして身も心も軽くなると、これまで、これは俺の領地だ、自分の家だと思いわずらった心の負担が、本当に空しいものだったということが分かってくるのであった。

時がくれば、この自分にまつわりついている肉体ですら、自分の所有物ではなく、やがては自然に還し、地上に置いてゆかねばならない。

そう考えると、人間は、みせかけの実体なきものに心を惑わし、欲望の苦しみから脱皮することを忘れている。

ヤナーは、心の中でくりかえし、くりかえし、自分がなした行為の正しさを、あらためて再認識するのだった。

一方、ヤナーと連れだって、ひたすら道をともにするバドラーは、すでに二十六歳を数え、若さに満ちあふれていた。

彼女はヤナーと結婚したことを本当に仕合せと思っていた。同時に、ヤナーを心から尊敬していた。

今日のこの日まで、ヤナーという人の一部始終を見守り、お世話してきたが、ヤナーこそ、心の友であり、智慧と、勇気と、行動力のある頼もしい男《ひと》と思ってきた。

十年の間、同じ屋根の下で寝起きしてきたが、この間、一度として肌を触れ合うこともなく、あたかも兄妹のような生活を送った。

情欲に燃えることのなかった毎日を過ごしてきたが、その自分の姿をみて、精神のどこかに、何か大きな欠陥があるのではなかろうか。

それとも、肉体的に、不具者ではなかったかと、ときおり、自分を疑ったりしたものであった。

四　夫婦そろって出家

バドラーの家庭は、カシャパー家ほど大家ではないが、父は何人もの妻を抱えていた。第一夫人はバドラーの生母であるが、第二、第三、第四夫人が父にかしずき、このほかにも女性がいた。

一夫多妻は生活能力を有する男子であれば公然と認められていたし、側女《そばめ》をより多く持つことは男の有能さを表わしていた。

女性もまた本妻以外の立場にあっても、生活の不安や虚栄を満たすためには、そうするよりほかはないと考えていたし、大家の側女になることは女の名誉でさえあった。しかし、一夫多妻の底流には、男尊女卑の思想が流れており、女は男の道具でしかなかった。

もともとこうした思想が生じたのは、男は腕力にすぐれ、女はそれに憧れを抱くようになったからであった。いってみれば力がすべてであり、力は正義であり、弱肉強食の動物界の姿が人間社会に持ち込まれていたといえるだろう。

力は正義とする思想は、今日でもなお人々の心の底に流れており、この思想がいろいろな面に顔を出している。政治も、経済も、教育も、国と国との外交にしても、昔ほど露骨さはなくなったが、最後の切り札となるものはやはり力である。

軍拡は無益だといっても、米ソを頂点として、どんな小国といえども、多大の犠牲を払ってもこれに力をそそいでいるし、経済は競争を建前として動いている。また教育にしても、才能教育、天才教育が巾をきかせ、科学技術が何よりも優先している。

腕力から頭脳に……昔と現代では、その力のおき方が単にこのように肩代りし、形を変えているにすぎない。

男のこうした世界に対して、女はそれに魅力を感じ、追随している。

一夫一婦、男女平等とはいえ、心理的に男女にこのような心の動きがあるかぎり、男尊女卑の弊はなかなか崩せまい。

この弊を崩すには、まず六根という煩悩から離れることだが、平均的な考えは、まず男にあっては、力は正義とする本能的思考を改めることだ。

力は正義とする煩悩は、地位、名誉、権力欲などを生じせしめる自己保存が根底にあるが、現実的には、孤独感、対立感、そして競争心、こうした煩悩に火をつけることになる。

煩悩の終着点は常に虚しく、救いのないものである。先を争い、地位や名誉を得れば、肩の荷は重くなっても、心の安らぎはますます遠のいて行く。

心の安らぎは、自分と他人との壁を外し、助け合う愛の共同社会にしかないものである。

愛の共同社会は、そのまま天国の社会を映し出している。

一方、女性の心的地位の向上は、肉体的自己愛から脱却することである。

男が頼もしく、頼り甲斐があると見える心的発火点は、男とはちがった自己の肉体に対する偏愛《へんあい》が病巣であろう。

腹を痛めた我が子は自分の分身のように思い、我が子を養育できるのも、こうした自己延長の偏愛が一つの支えになっている。

男女の数は、あの世もこの世も一対一であり、男が少なく、女が多いということはない。

地上における男女の比は、戦争や、その時々の思想、行為によって多少のアンバランスをみることはあるが、男女は、もともと平等に出来ており、一夫一婦は神の計らいなのである。

女性が男性と対等の立場に立つにはまず経済的基盤が必要と考える人もいるが、それは、経済優先の今日の社会思潮が生んだ思想であり、この考えには、もともと無理がある。家庭や子の養育を誰がするかである。

人間にとって、情緒教育は欠かせないものだし、情緒教育には家庭が一番である。親子のつながりは約束ごとであるし、その約束ごとは家庭を通して果たされていく。生まれ出た子どもは、国や社会施設で面倒を見ることになれば、こうした約束事が果たされないばかりか、員数教育に流れ、片寄った思想が育ち、混乱に輪をかけることになろう。

女性の役割は家庭にあって、次代の子弟を正しく養育することであって、それは男とはちがった役割を持つものなのである。

つまり、女性が子を生み、子を養い、子を育てることによって、私たち人類は絶えることなく、連綿とそのきずなを保つことができる。

もし、女性のこうした役割がなく、子を生むことがないとすれば、私たちは過去と現在にしか生きることがないし、地上での生活の場を失うことになるであろう。そこには、魂の進歩も、転生もないことになる。

私たちに転生があり、リンネという法に生命が宿るのも、そして、過去、現在、未来という連続された生命が成り立つことも、いってみれば女性のこうした役割があるからである。

女性のこうした法を生かす特性は、天が与えた義務であり、責任であるといえよう。

こうした意味において男は現実社会に、女は未来社会にその義務と責任を有する、ということになろう。

ミロク菩薩は未来社会を説いたから未来仏ともいわれているが、もともと女性は未来社会を創り出す責任を有するので、このような見方になったといえる。

さて、バドラーの家庭は多くの妻が父にかしずいていた。

社会のシステムなり、思想がそれを当然として受け入れていたにせよ、もともと男女関係は一対一を基本として成り立っているので、これから外れれば女性間における醜い葛藤が起こるだろう。

父と母との間にも冷たい空気が絶えず流れていた。

バドラーは、こうした男女間の葛藤を小さい時から眺めており、女という共通の立場から、否応なしに女の自尊心を傷つけられていた。

同時に、女の憐れさが、バドラーの心をいよいよ支配していった。

母親の話はきまって父に対する愚痴だった。

父の女性に対する無頓着な愛情過多が、母親の心を無惨にくだいていった。

バドラーは、母に対して慰める言葉がなかった。ただ、母の話を聞いてやり、女の立場から一緒になってじっと耐えるよりほかはなかった。

経済的には恵まれていたが、バドラーの出家の心は、こうした家庭的背景が因を為していた。

他家に嫁ぎ、家庭人となったとしても、夫が父親のように、第二、第三夫人を家庭に連れ込まないとは誰が保障できよう。女の仕合せなどというものは、ほんの束の間であり、時と共に、自分もまた母親のように、自分から離れて行く夫のことで苦悩するようになるであろう。

ならば、そうした原因をつくらないことだ。結婚をさけ、一生独身を通し、不幸な人たちの役に立ちたい、と願うようになった。

ヤナーとの夫婦生活は、それこそ名ばかりであり、娘時代の考えが生かされることになったので、彼女の心は夫に対する独占欲も、嫉妬心も湧くことがなかった。

ヤナーが長い間旅に出ても、その安否を気遣うことはあっても、心が淋しくなったり、不安に襲われることはなかった。

代々築かれてきたその全財産が、ヤナーの手によっていとも簡単に小作人たちに分け与えられ、小作人たちの喜ぶ様をみて、心から喜べる自分をうれしく思った。

苦しみの原因は、執着という想念行為がつくり出すものだということが、娘時代を通して、そして、ヤナーとの結婚生活を経て理解されていた。

ただ、バドラーにとって、分からないことがあった。物を大事にすることと、執着との関係、家庭の問題、連綿とつづく人間社会のきずなであり、愛の真意であった。

執着の原因をつくらないことは大事だが、そこをさけて通ることが執着をつくらないことなのだろうか。

だいいち結婚とは何か、夫婦とは何だろう、ということであった。

一対一の男女両性の機能は、この地上界においては欠かせない組み合わせとなっている。この組み合わせはあらゆるものに適用され、天地一切、陰陽の機能の調和によって、現象界は回転している。

結婚とは、陰陽の調和であった。

男女は、それぞれその役割と特性を有しており、両者は結婚によって、精神的、肉体的に成長してゆくものであろう。

もし男女おのおのが、結婚という共通の場を持たず、個々に行動を起こすとすれば、人間社会は滅びるよりほかはないだろう。

仏国土・ユートピアの目的は、各人の心にまずそれをつくり出すと同時に、現象社会に現わして行くものである。その具体的な仕方は、結婚という共通の場から始まろう。

それ故、結婚は神の意に適うものであり、結婚というものがなければ、仏国土はあの世だけになってしまう。

アダムとエバの両性は、人間社会を象徴的に描いたものだが、人間社会は、この両性の調和からすべてが出発する。

夫婦生活とは社会生活を意味しよう。

男女の核を中心に、子どもという分子によって、家庭は太陽系の一員となり、回転をはじめるのだ。つまり、社会生活の調和をめざすことになる。

家庭がなく、夫婦生活のない社会生活などというものは、本来あり得ないではないか。

アダムとエバに対する神の意思は、それぞれ一代で終わりになろうし、そうなれば、人類はこの地上に立つことさえできないといえよう。

結婚が行なわれ、家庭を持つことによって、人類は、連綿とその地上に生命を受けついで行くのである。

そして、より高次の調和をめざして、向上するのが人類の定めであろう。

執着の想念は、見たり、聞いたり、物に接触することによって生ずるが、物の道理を知るならば、苦悩は生じまい。

私たち人間は、すでに肉体という物を背負って生活するので、モノに対する執着が必然的に起こってくる。しかし、色は空に通じ、空はまた、色を形作っていることを理解すれば、色のみにとらわれるおろかさが、はっきりしてこよう。

一切の調和は、執着という苦悩から離れることによってひらけてゆくものであるからだ。

通常、愛というものは、男女両性の中から芽生える。

ある男性に、女性に、魅力を感ずるというのは、自分にないものを、あるいは足りないものを相手が持っているということから始まろう。もちろん、両者の間には、何か共通的な要素が基盤にないと、たがいに引き合う吸引力は生じないが、しかしこうした魅力を感じさせるファクターがないと、人生航路における助け合うよき伴侶にはなってゆかないだろう。

愛というものは、こうした助け合う、補い合う、他を生かす関係から生まれ、それはやがて隣人愛、社会愛、人類愛に発展して行くのである。

どんなに社会が発展し、変わろうとも、また人類が増えたとしても、男女両性の基本的軸は絶対に崩れることはないし、人類が永遠につづいてゆくのも、一対の男女が結婚し、家庭をつくり、調和させることによってしか達成出来ないものである。したがって、愛というものは、まず男女両性から出発し、そこから四方に拡散拡大されてゆくものである。

それ故、愛は地上の調和にとって欠くことの出来ない神の光であり、地上の光なのである。

彼女がヤナーと肩をならべながら歩く中で、六年間の結婚生活を振り返ってみて、そこに何か、精神的、肉体的な空白が、目の前に浮かんでくるのを覚えるのだった。何かが不明である。出家は、育った環境から発心したが、夫と呼ぶ相手が目の前におりながら、その家庭を素通りした自分に、何か一つ物足りなさを感ずるのだった。

カシャパー家の主人が出家するというので、ヤナーやバドラーと親しかったシュドラーたちが沿道に出て来て、泣きながら見送ってくれた。

二人は東北と南に別れる村はずれに差しかかった。

二人はたがいに向き合って、まずヤナーから口火を切った。

「バドラー、出家した者同士が一緒に修行することは何かにつけ妨げになろう。お前の一人旅は私にとっても心配の種だが、体に気をつけて、立派なバラモンの尼僧になって欲しい。私も、今日から裸になり、今から修行の主人を求めて旅をする。私は南を選ぶ。お前は東北の道をとって、バラモンの修行にゆくがよい。この道はパラナッシーに通じ、川を渡ればベッサリーの都に出よう。多くの尼僧が修行をしている場所だ」

「分かりました、ヤナー様。ヤナー様もお体に充分気をつけて修行して下さい。悟られたなら、どこかでお目にかかり、私を導いて下さい。ここで別れるのは淋しいですが、その淋しさに打ち克って、私も修行に励みます。あなたはどちらの修行場にお行きになりますか」

「私は、マガタ国のラジャグリハに行って見たいと思っている。ガヤ・ダナの修行場にも行ってみたいと思っている」

二人は、手と手をしっかり握り合った。

二人の目は、お互いに元気で、再会を約しての祈りにも似た美しい眼差しであった。バドラーの眼に、キラリと何かが光ったが、彼女はヤナーに背を向けると、東北の道に歩を進めた。

ヤナーは、バドラーの後姿をいつまでも見送った。バドラーは、何度も何度も後を振り返り、小さく手をふって、だんだんヤナーから遠のいて行った。

やがて、バドラーの姿は起伏のなだらかな森の中に消えてしまった。

ヤナーは、彼女が森の中に消えた瞬間、流れ出る涙をこらえることができず、声をあげて泣いた。

ヤナーはこの六年間というもの、精神的には、どこの夫婦よりも妻をいたわって来たつもりだったが、今こうして、この場に立つと、彼女の後を追い、連れ戻して来たくなる衝動が身内を駆けめぐるのだった。

ヤナーは心の中で叫んだ。

「バドラーよ、許しておくれ。これも何かの因縁とあきらめて欲しい。バドラーよ、どうか、健やかであって欲しい。いつまでも元気であっておくれ」

彼はバドラーを吸いこんでいった森を、いつまでも見つづけた。

心が静まってから、彼はバドラーとは反対の南の道に歩いていった。

一日、二日、これまでとはちがった山野での宿泊は、ヤナーにとってやはり想像以上につらかった。

明日は我が家にという一時の野宿とはちがい、百八十度変わった生活の急転換であったため、望郷の念が心の中からつき上げ、バドラーの身が案じられてくるのだった。

出家はもともと、かねてからの念願であったが、今こうして念願が果たされてみると、何かこう大海の中に、自分一人が放り出されたような気がして来て、自由ではあるが、その自由をもて余す自分を発見するのだった。

出家とは、これほど厳しいものとは、彼自身、今の今まで気付かなかった。

五日目になり、ヤナーの心は、次第に落ち着きを取り戻してきた。

もともと求道心の強い彼のことであるから、自然になじむ心も早かった。

その頃ブッタは、ベルヴェナーの東北東のナーランダ寄りの道路脇で禅定していた。

近くにピパラーの大木が生い茂り、太陽をさえぎり、涼しい場所を提供していた。

バフラマンの言われた通りなら、もう近々修行者がくる頃であろうと、ブッタは思っていた。

ブッタの禅定は大地に根が生えたように、その体は微動だもしない。

円く大きな後光は、ブッタを包み、周囲は黄金色に輝いている。

一人の修行者がブッタの前に進み、体を地面に投げ出し、頭上に両手を乗せ合掌させた。

男はそうしながら、

「アポロキティー・シュバラー、偉大な光明に満たされたシュバラー、ポコラをシュバラーのお弟子にして下さい。ポコラ、パラ、パラ、コロ、……シュバラー、シュバラー……」

汗と、ほこりと、涙で、ヤナーの顔は黒く、クシャクシャに、そして、震えていた。

ブッタは目をあけて修行者を見た。

「修行者よ、よく尋ねて来てくれた。さあ、顔をあげなさい」

「はい、シュバラー。お会い出来てうれしうございます。私は、ナーランダの北東、テイルタという町のバラモンのピパリ・ヤナーと申します。シュバラー、私を導いて下さい」

「ピパリ・ヤナーよ、そなたは、よく私に気がついた。私はシャキャ・プトラーのゴーダマ・シッタルダと申す修行者である。そなたが道を求めて、私のもとに来ることを知り、この場所で待っていたのだ」

ブッタの言葉は、ヤナーの心に千金の重みをもってひびいた。

彼の出家は、まだ幾日も経っていないが、その志は、もうずっと以前からであり、ブッタとの出会いは、こうした長年の宿願が果たされたわけなので、ブッタの言葉は何物にも増して、彼の心を貫き通した。

彼の体は、わなわなと震えた。心は喜びにひたった。

ヤナーは、頭陀袋の中から真新しい僧衣を取り出すと、ブッタに布施するのであった。

「シュバラー、僧衣をどうぞご使用下さい。私のシュバラーに対する心からの礼でございます」

ヤナーが先程、禅定の時に見たブッタの姿は、光明に包まれ、着ている僧衣も美しく見えたが、今こうしてみるそれは、お世辞にも美しいとはいえなかった。

しかし、最前の光々しいまでのブッタの姿は、パラナッシーの仙人、ベッサリーの修行者たちから、本当のブッタが出ているとの予言を聞いているので、この方こそブッタと確信するのであった。

彼は、ブッタは外見だけでも三十二相を備えている。自分の心は、すでに見通されていると感じた。

「ピパリー・ヤナーよ、そなたの妻は道を求めてパタリ・ガマに行ったのか――」

「はい、シュバラー。確かそちらの方向と思います」

「そなたはよく自戒し、道を求めてくれた。財産、領地、一切を執着から離し、心の中は、私に会えた喜びで一杯なようだ。その気持を忘れてはならない。のど元過ぐれば熱さを忘るるというように、今の謙虚な心がけがそなたを偉大な修行者に完成してゆくことだろう」

「ブッター、ブッター、ありがとうございます」

彼は胸の中からこみあげてくる涙をこらえることが出来ず、大声をあげ慟哭した。

感情がたかぶるにつれて、彼はブッタと過去世において、師弟関係にあったことを悟ってしまった。

ブッタ・サンガーに入るには、少なくとも一週間の山中修行が必要だったが、ピパリ・ヤナーの場合は特別だった。

すでにヤナーは、アラハンの境地に達し、過去世の言葉で、当時のブッタの法を語るのであった。

ブッタも懐しい過去世の言葉を語り、ヤナーの健在を心から喜び、今世の再会に涙を流した。

ヤナーは七日間、ブッタと共に修行したあと、ブッタから、

「ピパリ・ヤナーよ、今迄私の身につけていた僧衣をそなたにあげよう。この僧衣は、私が悟った時身につけていたものだ。そなたも、一日も早く、広い心の境地に進んで欲しい」

と、つけていた僧衣をヤナーに与えた。

ヤナーはそれを伏しいただいて、ブッタの境涯をめざし、修行に励むことを誓うのだ

った。

ベルヴェナーに帰ったブッタは、さっそくピパリ・ヤナーを弟子たちに紹介した。

「諸々のサロモンたちよ、私が過日予言していたピパリ・ヤナーという修行者を紹介しよう。今ここにいる者は、ブッタの法を悟っている。すでにアラハンの境地に達し、過去、現在を知っている。やがて自己を完成して、多くの衆生にブッタの法を説き、救済して行くであろう。サロモンたちもしっかり正道を実践して、より広い心をつくって欲しい」

ブッタの言葉は、そのまま弟子たちの胸に伝わっていった。

ウパテッサ、コリータの際は弟子たちの間で不満と動揺があったが、ブッタの言葉の正しさは月日が経つにしたがって証明されて行ったので、誰も彼もピパリ・ヤナーをあたたかく迎えた。

また、ピパリ・ヤナーは教団の一員となってから、めきめき頭角を現わして来たので、ブッタの予言の偉大さに、改めて畏敬の念を深くするのだった。

ピパリ・ヤナーが帰依した時は、ブッタが悟って四年目の四十歳になってからである。

ピパリ・ヤナーは、サンガーの人々とも馴れ、先輩を越して指導者になっていった。そしてその名もマーハー・カシャパーと改めた。

一方、ヤナーと別れたバドラーは、パタリ・ガマからコーサラ国に入り、シラバスティーで修行していた。ここはバラモンの修行道場であり、女性だけの修道院のようなところである。身分の低い者はここには入れない。バラモン種の出であって、志操堅固な女性にかぎられていた。儀式と戒律と奉仕がここでの日常生活であったが、バラモン種特有の選民意識が強く、バドラーはやがて、人種差別の不平等に悩みを深めて行くことになる。

さて、ブッタに帰依する者がしだいにその数を増して行った。

帰依者がふえれば、行動が組織的となり、組織的になると形式が先行してくる。こうなるとブッタの大目標である生老病死の苦悩からの脱却と自己完成は、しだいに形だけのものになる恐れがでてきた。

そこでブッタは、シーラ・ヴィチャ（戒律）の必要が痛感されてきた。つまり、サンガー（教団）を統制するための、シーラの成立はさけられなくなってきたのであった。

ことに、マガタ国のラジャグリハは大小さまざまの宗教教団があって、これがそれぞれ勢力をふるい、相手の教団を倒すためスパイを潜入させ、教団の一人となって教団内を攪乱させることがしばしば起こっている。

当時の信仰は今日のそれによく似ていて、その大部分は、根本的には他力信仰であった。

神と人間が切り離され、偶像崇拝が信仰の形態をとっており、それだけに、信仰と争いが表裏を為してきて、信じられないような形をとってしまうのであった。

ブッタの教理は、大自然を対象とした自然と人間とのいわば一体化であり、生活上の在り方は、あの太陽のような慈悲の心を顕現することにあった。

しかし、人々が集まり、教団が拡大されてくるにしたがって、内容より形式が優先され、濃密な中身がしだいに希薄になってくる恐れがあったのである。

さらに、一歩教団の外に出ると、こうした他力信仰がバッコしているので、ブッタ・サンガーにはある程度の戒律はさけられなくなってきたのである。

ブッタの弟子になるには、まず三宝に帰依することであるが、サンガーが他国につくられ、三宝に帰依することのできない修行者が入団する恐れがあった。こうした者が入団し、人心を間違った方向に導く恐れもあって、まずベルヴェナーを中心にウパー・サンパラ(具足戒)のウパーディヤヤ(修行者の指導者)を定めた。もしウパーディヤが不在の時は、アチャリヤ(ウパーディヤの代理)によって、各地区の責任者を定めサンガー入団の時は、各地区サンガーのサロモンたちの替同を得て決定することになった。また入団者の年令は二十歳以上に限定された。

第五章　ババリーの弟子十七人の帰依

一　師弟の離別

パラナッシー郊外、バラモンの町はブッタの話で持ちきりだった。

ヤサの両親、ウパシカ、ウパサカがブッタの教えを宣伝したからであった。

ウパシカ、ウパサカは、バラモン種に信望があった。二人はマーハー・ベシャー（大富豪）であり、修行者には誰彼の差別なく布施してきたからである。

そのうえウパシカ、ウパサカはブッタの在家の弟子第一号であり、立ち寄る修行者には、ブッタの教えを語って聞かせた。

マーハー・バラモンのババリーは、この二人から、ブッタの話を耳にした。生老病死の苦悩を解脱する道を説くその内容の素晴らしさは、まさにブッタ出現の名に値した。

ことにババリーの心を打ったのは、この二人の一人息子であるヤサが、そのブッタの弟子となり、アラハンの境地となり、多くの人々に道を広めていると聞き、ブッタに是非会って見たいと思うのであった。

ババリーは、ブッタに会いたいと思うが、何しろ百二十歳の高齢であった。遠いマガダの国まで歩いて行くには年をとりすぎていた。

彼はどうしようかと迷っていたが、こうした折に、町に祭典があった。年に一度の祭典は、バラモンの神を迎え、称え、たがいに喜び合う祝事であった。ババリーは、祭典の主催者だった。目のまわるような行事を無事終えると、カパリの道場に帰ってきた。

彼が道場に帰り、体を休め、ホッと一息入れていると、みすぼらしい男が尋ねて来た。体にむくみがあって、頭髪はほこりだらけ。顔なぞおよそ洗ったことのないように、土ぼこりが皮膚にこびりついており、乞食同然であった。

しかし本人はバラモンの修行者だと名乗った。

ババリーは、その修行者に座をすすめ、粥をすすめた。

どぎつい目つきでババリーをにらみつけながら、彼は言った。

「お祭りは馬鹿に盛大でしたなあー、供養の財宝も相当なもんだったでしょう。あの財宝をわしにも分けてくれ、わしはそれで訪ねてきたのだ」

身なりに似合わぬことを口走るので、ババリーも呆気にとられ、すぐには返事ができなかった。

二呼吸の間ののち、ババリーは、

「祭りの贈りものは、すべて皆さまに分け与えて、ここには何もありません。あなたにお上げするものがなくて、申し訳ありません」

と、丁重に返事をした。

「ホー、あれだけの貢物がもうない。おまえの懐にもないのか。ならいい――。くれなければ、わしの呪いで、おまえの頭は七つに割れ、無残な死を遂げよう。それも七日間のあいだになあー。神罰と思うがよかろう」

こういうと修行者は、ババリーに向かって手をかざし、わけのわからぬ呪文を唱えると、帰ってしまった。

バラモン教の修行者として、今迄体験したことのないできごとだけに、ババリーも慌ててしまった。

人の目の前で呪いをかけられれば、誰だって、いい気持はしない。

ババリーは悩み、食事まで咽を通らなかった。

彼は、心を落着かせるため、林に出て禅定してみたが、安らぎは得られなかった。

祭の疲れも手伝ってか、彼はウトウトと、そのまま寝入ってしまった。翌朝、耳元で声がするので、ハッと目をさました。

「ババリー、何を苦しんでいる。おまえはまだ執着心がとれぬのか。何が怖いのだ。何を驚いているのだ。訪ねてきたならず者のバラモンは、おまえの財産が欲しかったのだ。頭陀七分のことなぞ、何も知っていないぞ」

ババリーは、その声に答を求めた。

「バラモンの神よ、頭陀七分の罰について、よく知っておられる方は誰でしょうか。お教えください」

「おまえは、まだこだわっているのか、そんなに死が恐ろしいか」

「わたしと同じように、他の弟子たちが罰と脅迫によって、見えない世界からの無慈悲な行為によって苦悩することが耐えられないのです。どうか、道をお教えください」

ババリーは、真剣に天の声を仰いだ。

　すると、

「コーサラ国のシャキャ・プトラーの王子、ゴーダマ・シッタルダーは、出家して今、マガダ国のラジャグリハ・バーストの東北、グリドラクターで、心の偉大性と慈悲の道を説いている。すでにブッタとなって、衆生を、救済している。このブッタなら因果の法を悟っているであろう」

　という答えが返ってきた。

　ババリーは二度おどろいた。

　パラナッシーのウパシカ、ウパサカが信仰しているブッタの名と、まったく同じだったからだ。

　ババリーは、声の主はまさしく、天の人であると悟るのだった。

　ババリーは、早速、主な弟子たちを道場に集めた。

　弟子たちは何事かと、皆驚いた様子で集合してきた。祭も終えて、ホッとしている矢先の師の呼び出しなので、その用向きについて合点のゆく者は一人もいなかった。

「今から言うわしの話を、しっかり聴いて欲しい。わしは、マーハー・バラモンの家系として、この歳までバラモンの聖典を学び、遊行の道を通して修行してきたが、未知の問題があまりにも多い。そのため、悟りの心境にはほど遠いことを知った。昨日、道場を訪ねて来た心ないバラモンの修行者から、布施を要求されたが、与えることもできなかった。修行者は、そのため、わしの頭が七つに割れると呪いをかけて、七日の間にその現象が出ると脅迫して帰った。わしは一晩中考えてみたが、ついウトウトして寝入った今朝方、神の声をきき、ブッタが道を説いていることを教えられた」

弟子たちは、師の言葉に息を呑んだ。師の偽らざる真情が、切々と伝わってくるからであった。

「バラモンのむずかしい習慣や、形式的なお祭り、その他さまざまな点について、皆もそれぞれ疑問があると思う。その疑問に、師であるわしは何も答えることができない。なぜだろう。バラモン教は学問になってしまった。知のみの悟りと化してしまったからだ。ブッタは、三界を見通す法力を兼ね備えておられる方であり、それは、いちばん重要な〝心〟を悟っておられるからだ。真のブッタであるならば、諸人の心の中を自由に見通すことができるだろう。わしが教えることのできなかった〝心〟をブッタに師事して学び、真のバラモン修行者として、シュバラーの境地に達してもらいたい」

　こういうとババリーは、弟子たちの顔を一人一人ながめながら、ブッタの下に修行にやる人選をはじめた。できれば、ここに集まった者全員を、と思うがそうもいかず、ババリーはその人選に苦労した。

「ピンギャー、お前はマガダのラジャグリハまで、わしの代理として今から選ぶ弟子たちを引率して行っていただきたい」

　と、まずピンギャーを指名した。

　ピンギャーは体も大きく、力も強いので、長い道程を無事引率して行くには格好の人物と思われたからだった。

　弟子たちは、こんどは誰が指名されるかと、たがいに顔を見合わせながら、ババリーの言葉を見守った。

「法の前には男女の区別はない。すべて、平等であるはずだ――」

　と、つぶやきながら、まだ、若いババリーの姪のマイトレーヤーに、ババリーの視線が向けられた。

「マタレー、お前は小さい時から、よくバラモン教を学び、バラモン種の女性として、熱心に修行してきた。バラモンの子どもたちに厳格な祭事の学習を教えてくれた。家庭に入ることなく、瞑想、苦行と、その修道生活によく耐えてきた。遠いマガダ国ではあるが、行って見る気はあるか」

「はい、行かせていただきます」

彼女は、何の躊躇もなく、皆の視線が集まる前に、もう答えていた。

しかし、返事をしてから、誰よりも先に自分が指名され、なんのこだわりもなく返事をしたことに、恥ずかしさを覚えた。同時に、家の者とも相談なしに、独断で事を決めたことに、何か、心に残るものを感じた。

ババリーは、ニッコリ微笑すると、

「若いうちにウンと苦労することはよいことだ」

と言って、独りうなずき、

「サラナンダ、ポーサラー、トーディーヤー、おまえたちも、マタレーと一緒に行って欲しい。どうだ、行ってくれるか」

三人の女性は、皆喜んで師の言葉に従った。

「ありがとう。マタレーも三人が一緒なら淋しくはない」

こう言って、次の指名を誰にするかと、彼はまた一同の顔を見回すのだった。

三人の女性は、マイトレーヤーよりいずれも三、四歳上だった。志操は堅固だったし、ふだんから仲もよかった。四人はたがいに頑張りましょうと、顔を見合わせながら、うなずき合った。

つづいて、モンガラージャーが指名された。

彼は、ウパニシャード、ヴェーダの理論も詳しく、したがって、バラモンの真価を問うには絶好の機会と、ババリーは考えたのだった。

指名されると、モンガラージャーは、頭をかきながら、

「師よ、ありがとうございます。お言葉ではございますが、ブッタといわれても、マーハー・バラモンのババリー、マーハー・イッシー（大聖仙）より偉大なシュバラーとは、私には思えません」

と言った。

するとババリーは、

「それはお前の見方であって、実際にお会いしないで、想像だけの判断はしてはならないぞ。そこがおまえの悪いところだ。あらゆる体験を積んで、初めて、いろいろなことがわかってくるものだ」

と言って、狭い判断を戒めた。

つづいて、ババリーは、次々と指名した。

「アジター、メッタグ、ドータカ、ヘーマカ、お前たちもまだ若い。多くの人生経験を積んでこい。

ジャトーカンニン、お前も一緒に行きなさい。ウダヤ、カッパー、おまえもだ。しっかり修行してくることだ。途中、けわしい山や谷があろうし、猛獣や毒蛇などにも会うだろうから、たがいに注意しあって先に進むことだ。

クシャトリヤくずれの山賊もいるだろうが、持つ物もない修行者には手を出すことはあるまい。女性は男と同じ姿で行くといい。男性は前後になって、女性を常に守りながら旅をして欲しい。

ブッタにお会いする時の心構えについていっておこう。本物のブッタなら、そなたたちの心の中をすべて見通すことができるはずだ。

そこでまず、わしが誰であり、何の目的で大勢の者がブッタにお会いするか、わしの弟子が何人いて、わしの悩み、頭が裂けることなど、心の中で思っただけでもわかるだろう。

バドラーヴェダ、プンナカ、ウパシヴァ、ナンダ、おまえも一緒に行きなさい。名前を呼ばれた者は前に出なさい」

体の大きいピンギャーを中心に、十七人が、ババリーの前に整列した。

ババリーは十七人の顔を、見回していたが、いつの間にか、ババリーの心に、ある感傷が湧いてきた、自分も若ければ、皆の先頭に立ってブッタにお会いするのだが、こう歳をとりすぎては目的地に着くことも覚束ない。可愛い弟子たちが自分の下を離れ、これまでとはちがった環境で自分の心を見直していく。こんな晴れがましい壮挙はないのだが、いざ自分の下を離れて行くとなると、やはり、心に一抹の淋しさが残った。親子の情に似て、ババリーはその苦しい胸を押さえていた。

「今、ここに整列している者は、すでに自分の弟子たちを教育し、自己にきびしく、常に瞑想を行ない、転生の過程においても、立派なバラモンの修行者であった。わしは、おまえたちに知識としてのバラモンの道を説いたが、ブッタは心を教えてくれるだろう。そして心と行ないの物差しを教えてくれるはずだ。本物のブッタであったなら、おまえたちはその場でブッタの弟子にしていただくよう、お願いするのだ。ピンギャーは、わしのところへ連絡して欲しい」

ババリーは、声がふるえていた。目には涙をため、今にもこぼれ落ちるほどどうるんでいた。

マイトレーヤーを始め、女性のバラモンは、みな、しくしく泣いている。

師の下を離れれば、これが今世の最後になることは、誰もが感じていたからである。

ブッタの弟子となって、自己を完成しなさいというババリーの広い慈悲の言葉は、他の弟子たちの心にも伝わっていた。

「さあ、そうと決まったからは、十七人は明朝出発しなさい。一番鶏の鳴く時刻に道場に集まり、それから出発するがよいだろう」

十七人は、師の下をさがると、出発の準備にとりかかった。

当時は、今日のように、飛行機や電車といった乗り物は一切ない。どこへ行くにも二本の足が頼りである。半日や一日の旅ならまだしも、十七人は未知の国マガダまで、それも悪路を、暑さと戦いながら、何日もかかって遊行しながら旅に出る。

したがって、旅に出ること自体、親兄弟たちと最後の別れになるかも知れなかった。治安が保たれているところといえば、せいぜい村や町ぐらいなもので、一歩人里を離れれば、トラ、ハイエナ、毒蛇などのいわば野獣の国であり、山賊もまた、いたるところに出没している。

旅は死と隣り合わせの危険なもので、それだけに、わずか一日の出発準備は、彼らにとっては、気ぜわしい、短い時間であった。

それでも翌朝、一番鶏が鳴く時刻には、全員漏れなく道場に顔がそろった。

みんな鹿皮の衣服を着、髪を綺麗に結び、待ちうけたババリーに挨拶した。

ババリーは、合掌しながら、一人一人に、前途の無事を祈った。

師と弟子の間には、もう言葉はなかった。あるのは、ただ、師弟の温かい心の交流だけだった。

一行は道場を後にすると、なだらかな丘陵をいくつも越え、北へ進んだ。

この間、ババリーは見通しのよい場所に立って、一行の姿が見えなくなるまで、見送っていた。

一行は、山をいくつも越え、谷を渡った。草むらの繁みに入ると野獣の咆哮が聞こえるが、襲ってくることはなかった。途中、山賊にも出会うことはなかった。

こうして、旅は幾日もつづいたが、カパリーからベッサリーの都を出て、山を越えると、谷にそって南下した。

ギラギラと輝く太陽の炎熱は一行の頭上に容赦なく照りつけ、もうこの頃になると、誰も口をきく者がいなかった。

ただもう足にまかせて、歩くのみである。

マガダ国のラジャグリハの都に入った時は、皆の心にも、ようやく目的地に着いたという安堵感があった。

見るもの、聞くもの、珍しいことばかりで、つい立ちどまって見物したくなる気持になった。

しかし、めざすはブッタの在所であり、ブッタに会うことが目的なので、一行は旅を急いだ。

ピンギャーは遊行中のサロモンに、ブッタの居住地を尋ねた。

すると、都の北門から東北路の山あいの谷側にグリドラクターという山があり、そこでブッタが多くの弟子たちに法を説いている、ということがわかった。

マイトレーヤーは、まだ見ぬブッタにお会いする時の心構えを、サラナンダ、ポーサラー、トーディーヤーと話し合った。

「ブッタとはどんなお方だろう」

「カピラの王子というから、おそらく、クシャトリヤとしての厳しさを持っておられるだろう」

「素人なのに、バラモン種以外からブッタが現われるなんて、本当なのかしら……」

彼女らは、ブッタに会う機会が近づくにつれて、心の中に、疑問や、期待や、不安が広がって行くのを覚えた。

ブッタ、アポロキティー・シュバラーはバラモン種の中から出現するといわれていたし、彼女らもそう思い込んでいたからであった。

しかし、このことは誰の気持も同じだった。やはり、会って見ないことには理解できないし、だいいち、アポロキティー・シュバラーといっても、話や経典の上では知っていても、これまでそういう人に会ったこともないし、実際にどういうものかも、わからなかった。

年少のアジターが、皆の先頭に立って、山に登った。

時折、小鳥が一行の前をさえぎる。小鳥の鳴き声がなければ、周囲は深山幽谷に分け入ったような錯覚さえ覚える。

ブッタは、大きな岩を背に、多くのサロモン、サマナーたちに、張りのある、心の中にしみ込んでくるような大きなひびきのある言葉で、法を説いていた。

二　ブッタとの問答

ブッタの額には汗がにじみでていた。

「諸々の修行者たちよ、厳しい肉体行によって、燃えている煩悩を静めることはできない。なぜなら、心が五官にとらわれているからだ。

厳しい肉体行に耐えている忍耐は立派であるが、心の中に生ずる自我は、より自己中心的なものの考え方をつくり出してしまう場合が多いからである。

心が五官にとらわれ、六根となった迷いの姿を清浄にするには、清浄にするための、正しい心と行ないが必要である。正しい規準にしたがって、心と行ないを正さなければならない。盲目の修行は、自我の温床にもなりかねないからである。

一方において、優雅な環境で欲望のかぎりをつくす者たちも、煩悩から生ずる欲望の炎を消すことはできない。苦悩の生活が絶えずつきまとってしまうからである。満たそうとする欲望は新たな欲望を生み、果てしない欲望を生んでゆく。あたかも、泥沼の中で足を奪われ、それから逃れようとして、もがけばもがくほど、体の自由を失ってしまうのに似ている。

解脱の道は、この両極端を捨て、中道に帰ることである……」

ブッタの重量感ある声は、山や野を越え、流れていった。

ピンギャー一行は、多くの修行者の後方に一列にならんで座し、ブッタの説法を聴いていた。

「ブッタの体は黄金色に包まれ、なんともいえない美しさだ。マタレーはどうだ」

アジターは、隣りに座って、ブッタの説法を真剣な眼差しで聴いているマタレーに声をかけた。

アジターに言われるまでもなく、マイトレーヤー（マタレー）も、ブッタの顔が二重写しに見え、美しい後光によってブッタが包まれていることを不思議に思っていたのだった。

アジターの言葉で、ふと我に返ったマイトレーヤーは、アジターの膝を軽くつつき、〈説法をしっかり聴きなさい〉と、心の中で注意し、ブッタの法の中に溶けこんでいった。

ブッタは、かれら一行が見えていることを、すでに知っていた。このためブッタは、ときおり、ピンギャー一行に視線をやりながら説法をつづけるのだった。

彼らは揃いの礼装をしていた。一見して、マーハー・バラモン種であることがわかるが、それが、どこから来たかは、ふつうではわからない。

だが、ブッタは、そのことを、すでに見抜いていた。

約一時間半に及ぶブッタの説法が終わったので、ピンギャー一行は、ブッタの前に進み出て、あいさつすると、

「遠路よく尋ねてきましたね」

と、微笑をうかべ、先程の、力強い重厚な言葉とはうって変わり、ブッタの言葉は親しみのある優しい雰囲気に包まれていた。

一行は、まず、この点に、ブッタの人柄をみた。

モンガラージャーは、ブッタの説法中、マーハー・バラモン種としての立場を意識して注意深く聴いていたので、まず、ブッタは彼に視線を移し、

「ご馳走を見つめながら、味を知ることなく、作り方をいくら詮索していても、腹はいっぱいにならないし、ご馳走を目で楽しんでいるにすぎないだろう。バラモン種は知で悟り、心の尊厳を知っていないようだ。知識は実践という行為によって智慧に変わる。あなたはこの点、おわかりですか」

と、言った。

突然の言葉に、モンガラージャーは驚き、自分の愚かさを知ると、地に頭をつけ、両手を前方に投げ出し、大声をあげて泣きだしてしまった。

後の方にいたアジターは、

〈私の師は頭陀七分について悩んでいます。偉大なる聖仙よ、どうぞ、この意味についてお答え下さい。お答え下さい〉

と、一心に、心の中で念じていた。

「修行者たちよ、あなたたちは私が本当のシュバラーであるかを知りたいと思っているはずだ。また、本当のシュバラーなら、法を学び、それを実践して弟子になりたいと思っている。

人は誰も、自分自身で学び修行したものを絶対だと思っているが、それは自己のみに通ずるものであって、他人の言葉を軽蔑して小さな自分をつくり出してしまうものだ」

ブッタはアジターを見ながら、こう言って、さらに言葉をつづけた。

「あなたたちの師ババリーは、バラモンの三聖典に通じ、よく身を修め、立派なマーハー・バラモンである。弟子たちに、私のもとに使いをだし、本物のシュバラーであるならば、正しい心と行ないの在り方を教えられ、その道を学んで自己を完成するがよかろうと申されたはずだ。ババリーは勇気ある指導者だ。余りにも老齢のため、彼は私のもとに来ることができなかった。私も残念に思っている」

一同は、ブッタの言葉が真実をとらえていることを知り、アジターも泣きだしてしまった。

マイトレーヤーはどうかというと、彼女は、皆より前の方に座り、最前から語っている偉大なブッタの一言半句に心をゆさぶられ、心の中から盛り上がってくる感激をおさえることができず、あふれでる涙が頬をぬらしていた。そうした中にあって、この感激がどこから生ずるかについて、すでに、理解していたのであった。

彼女は、こみ上げてくる感激が、ついに言葉となってあふれ出た。

「ブッタ、アポロキティー・シュバラーよ、私はブッタに帰依します。どうぞ、お弟子にして下さい——」

心の叫びは絶叫のようなひびきとなった。

彼女にとっては、生まれて初めての体験である。体はふるえ、感激は潮のように押し寄せてくる。

彼女は、偉大なブッタの光明によって、心の窓が開かれてしまったのであった。

アジタ―は、ブッタの前に進み出ると、ブッタをおしはかっていた自分の幼稚な心を恥じ、「お許し下さい」と言い、ブッタの足もとに礼拝すると、

「私の師は心ないバラモンの修行者から、頭が七つに割れる、と呪いをかけられていますす。どうぞ、師をお救い下さい」

と、言葉に出してしまった。

ブッタは、アジタ―の顔を見ながら、この疑問に次のように答えた。

「人間の無知こそ、頭陀七分であることを知るがよかろう。

肉体は無常なものだ。自分のものであって自分のものではない。なぜならば、肉体は両親よりいただいたものであり、いつの日か、また、お返ししなければならないものである。

この肉体を通して、五官を通して、経験を豊かにし、心を広く、丸く、育ててゆくものである。だが、多くの者は、その真意を知らず、肉体を通じて、苦しみを自らつくり出してしまい、欲望のとりこになってゆく。

誰も彼も、肉体を持って、実在の世界に帰ることはできないだろう。にもかかわらず、人間は肉体に執着を持ち、苦悩をつくってゆくのだ。

そなたの師、ババリーは、バラモン教を通して頭陀七分のことを知っていたために苦しむのだ。呪いをかけられても、自らの心と行ないが正しいものであれば、その呪いは、呪いをかけた者に帰ってしまうものだ。日蔭の汚れたところに、うじ虫はわく。日がさんさんと照っている大地には、美しい花が咲き、蝶や蜂が飛び交っているではないか。明るい美しい環境に、うじ虫が住めるだろうか。

罰は、自らの心と行ないの不調和がつくり出すもの、心と行ないが中道を守り、光明に満たされている生活をしているならば、心ない修行者の呪いなど受けることはないのだ。

無知とは智慧のないことだ。

知識だけでは、安らぎの心は得られない。得た知識は、心と体で体験され、その得た知識をより深く究明するにしたがって、智慧となってゆくものだ。

ババリーは、その呪いを受けることはないだろう。例え相手から与えられても、こちらが不必要ならば、いただかないことだ。それは自分のものではなく、相手のものだからだ」

ブッタはここまで言うと、

「引率の責任者よ」

と、ピンギャーを指差し、

「あなたは、師にこのことを連絡するがよかろう」

と言った。

何から何まで、ブッタには見通しだった。

郵便はがき

料金受取人払郵便

浅草支店承認

304

差出有効期間
平成30年
4月11日迄
切手をはらずに
お出しください

1118790

034

東京都台東区雷門2-3-10

三宝出版株式会社 行

●ご記入いただく情報は、小社からの事務連絡や各種ご案内等に使用させていただきます。

おなまえ(フリガナ)	年齢	男・女

おところ〒

TEL. (　　)

E-mail:

ご職業(なるべく詳しく)

お買い求めの動機(該当のものに○をつけてください)
店で見て　新聞・雑誌・広告で　書評・紹介記事を見て
(その新聞・雑誌名　)
人にすすめられて　友人からいただいた　小社からの
案内を見て　その他(　)

お買い求め書店名及び所在地　書店　市・郡

ご購読の新聞・雑誌名

愛読者カード

高橋信次著

人間釈迦 ③

本書をお買い上げいただき、ありがとうございます。今後の出版企画に役立たせたいと思いますので、お名前、ご住所をご記入の上、ぜひご返送ください。新刊、講演会等のご案内をさせていただきます。なお、お寄せいただいた内容は、小社の宣伝物に匿名で掲載させていただく場合があります。

本書についてのご意見ご感想など、ご自由にお書きください。

※ご感想はメールでもお受けしています(E-mail:sam@sampoh.co.jp)。

●小社では宅配サービスを行います(送料実費)。このお葉書にご注文の書名と冊数をお書きの上、お申し込みください(電話、FAX、インターネットでの注文も可)。

書名	冊

TEL 03-5828-0600(代)FAX 03-5828-0607
http://www.sampoh.co.jp/ E-mail:sam@sampoh.co.jp

十七名の修行者たちは、鹿皮でできた憎衣の右肩をはずすと、ブッタの足もとにひれ伏すのだった。

「バパリーの心の安らぎある生活と、長寿を祈ろう……」

ブッタは慈愛のこもる言葉で彼らをねぎらった。

彼らの顔をしばらくながめてから、ブッタは言葉をつづけた。

「バラモンの修行者たちよ、心の中にある疑問に答えよう。なんなりと質問するがよかろう。堅くならず、体を楽にして、ひとりひとり質問しなさい」

まず、モンガラージャーが質問とも訴えとも知れぬことを口にした。

「私は、シャキャ族のお方に、心の中で二度、質問をしました。が、答えてはくれませんでした。三度目はお答え願いたいと思います」

「そなたは言葉を語れるであろう。わたしは一人だ。多勢の質問に答えることは、一人で多勢の心を見通さなくてはならないだろう。言葉によって考えていることを語ることが、意志の疎通をはかる最良の道ではないか。言葉が不必要なら、社会生活にも不便をきたし、物事が円滑にすすまない。そうではないか」

モンガラージャーは顔を赤らめ、

「どうも申し訳ありません。私が間違っておりました」

と言い、頭をペコリと下げると、あらためてはっきりした言葉をもって質問をした。

「あの世とこの世、バフラマン（梵天）やインドラーの神々の世界について、ゴーダマ様の教えを聴かせて下さい。死神に魅せられないためには、どのようにしたらよいのでしょうか」

「モンガラージャーよ、そなたは肉体だけがすべてと思っているのか」

「いえ、そうは思っていません」

「では肉体以外に何があるのか」

「…………」

「そなたは、バラモン種として、聖職の家系に生まれ、神々に仕える種姓と思っているのか。太陽の日の光は、そなただけに注がれているだろうか。肉体を保存する環境はそなたのためばかりに与えられているだろうか、そうではあるまい。シュドラー（奴隷）にも、ヴェシャー（商工業者）にも、クシャトリヤ（武士）にも、すべて平等に与えられているだろう。

大自然は人間に何も求めない。求めないままに生きる道を与えている。この姿こそ、慈悲の現われである。この大慈悲の中で人は肉体を持って生きてゆけるのだ。大自然の恵みこそ慈悲の塊りなのだ。

大自然の恵みをつくり出している根本の意識こそ、モンガラージャーよ、空の世界、意識界なのだ。心の世界なのだ。

それは、そなたの体を通して行動させる意志の作用と同じように、眼に見えない存在の世界である。その意識と関連して、私たちの存在があるのだ。

肉体を支配している意識、空の世界こそ実在であり、永遠に変わらない自分自身なのだ。

モンガラージャーよ、眠っているときに、耳の穴があいていても他人の言葉が聞こえるだろうか、頭は言葉を記憶しているだろうか。いないだろう。私たちの感覚も、肉体の五官を通して知ることができるが、しかし、肉体を支配している意識の働きがなければ、感覚さえ働くまい。

肉体の支配者こそ、本当の自分といえよう。梵天も、神々も、意識の世界、空である実在の世界に存在しているのだ。

肉体は、この世の自然の中に調和されて存在している。死は、肉体との訣別である。それゆえ、肉体は無常なものだといえよう。

死の恐怖をなくすには、生と死の区別をなくすことだ。

眼、耳、鼻、舌、身、意の六根煩悩の執着が、死の恐怖となり、生はこの世かぎりと思うところに、死への迷いが生ずるのだ。

自我（偽我）という偽りの我を捨てよ。偽りの我は、すべて自己本位で他をかえりみない冷たい心だ。これを妄念ともいう。生と死を超えることだ。生と死を超えたときは、死神を見ることはないだろう。

梵天界は光明の世界であり、調和された安らぎに満ちた、たとえようもない世界なのだ。実在の世界は、すべて、各人の心の広さに比例して、自らがつくり出している世界である。

五官でとらえることができないから存在しないということは、愚かしいことだ」

バラモンの理論家と知られるモンガラージャーも、ブッタの前では、為すすべもなく黙ってしまった。

故郷を出る前から、ブッタにお会いしたら、この点を質問したいと、かねて考えていたマイトレーヤーが、ブッタにたずねた。

「ブッタ、心に動揺がなく、汚れもなく、一切の渇望から超越している人とは、どういう方をいうのでしょうか」

ブッタは彼女をやさしく見つめ、こう言った。

「マイトレーヤーよ、多くの者たちは欲望のとりことなり、その欲望が満たされないと愚痴をいい、怒りになり、そしり、ねたみの心を持つであろう。自らの心を動揺させ、汚し、苦悩の種をつくり出している。

中道を悟り、欲望に足ることを知り、愛欲に対しても純潔を守り、身心から生ずる渇望を除き、いつも偏らない思念と行為を律し、思惟し、そうして、常に、心が平静であれば、心に動揺がおこることがない。慈愛を他人に施し、正道を物差しとして生活するので、心は汚されることがなく、常に清浄であり、法を実践体験しているため、智慧は豊かで、一切を超越している。まことの人間とは、こうした悟られた方をいうのだ」

「はい、わかりました。ありがとうございます」

正しい心の物差しを持たず、神に仕える儀式中心のバラモン教の考え方とは、大きな差があると思い、彼女は、これこそ人間の本当の道だと思った。

そして彼女は、ブッタの法を学び、実践して、自己の完成に精進しようと決心するのだった。

ブッタは、一行に、なおも質問をうながした。

すると、マイトレーヤーが、再び手を挙げ、質問した。

「ブッタ、クシャトリヤもバラモンも、みな神々のために、多くの供養をしてきましたが、こうした供養は何のためにするのでしょうか。特に私たちバラモン種は、お祭りのたびに多くの供物を神々にささげます。これについて、お教え下さい」

彼女の質問は、プンナカも同じだった。

「私も同じ疑問を持つ者です。多くのバラモン、クシャトリヤ、ヴェシャーたちが、神々に供養をしてきましたが、本当に、こうした供養に神々は喜ばれるのでしょうか。供養の願いをきいて下さるのでしょうか。それとも、下さってきたのでしょうか」

ブッタは、二人の質問にこう答えた。

「多くの人びとは、自分の幸福を願って神々に供養したのであろう。ある者は、現在の不幸から救われたい、ある者は、今の幸福をそのまま持続したいと。人には、それぞれ、願望があるであろう。しかし苦悩はすべて、自分の心と行ないがつくり出しているということを知らなくてはならない。苦悩の原因を除くことが大事であり、その原因を除かないかぎり、苦悩は常に、つきまとうものだ。

本当の供養とは、供物を神々に供えるものではない。人びとの正しい思念と行為の実践にあるのだ。いかに神々を讃美しても、欲望を求める供養ではなんにもならない。利益を求め、愛欲を満たすための供養であるならば、それに、いくら熱心であっても、それは生存にたいする欲望、執着であって、生と死を超越することはできない。

この地上界は、一人では生きて行くことができない。他人との相互関係によって、成り立っている。他人がいるということを知ったならば、自己中心の生活を捨て、嘘のない、他を生かし、助け合い、協力し合う生活、人間関係が大切になるはずだ。

生きている気の毒な人々に供養することが、本当の供養といえよう。

生かされている大自然に感謝することは、生きている者たちが、相助け、相調和する努力と行為がなければならないだろう。調和は、報恩という行為によって、大きな供養となるであろう。その供養こそ、神々は喜ばれるはずだ」

マイトレーヤーは、しきりとうなずき、ブッタの法を聴いていた。

プンナカはさらに質問した。

「多くの人々は供養に熱心でありましたが、供養によっては、生と死を超越できなかったといえるでしょう。神々と人々の世界にあって、生と死を超越している方とは、どんな方なのでしょうか」

「世の中の一切を知り、いかなる諸現象に対しても動揺することなく、ニルヴァーナ（涅槃）の境涯に達し、偽りの暗い心はなく、悩みもなく、足ることを悟っている人こそ、生と死を超越している者といえよう」

「よくわかりました」

プンナカは、そう返事をしたが、ブッタの言葉があまりに明解であり、率直なので、悟りの境地は、言葉では理解されても、胸の奥底には突き当ってこなかった。時が経てば、この言葉の重みがズッシリと応えてくるだろう。

つづいてメッタグが質問した。

「私たちの苦悩はどこから生じてくるのでしょうか。お教え下さい」

ブッタは「よい質問である」と言って、次のように答えた。

「私が悟った通りに説明しよう。今ここにいる修行者たちは、それぞれ、人生の苦悩を体験してきているであろう。人間は生まれて来たときから、苦悩がつきまとっているといえよう。

苦悩のそもそもの原因は、人生の目的と使命がわからないために、盲目の人生を送り、無知のままに、自分の偽りの我によって作り出してしまうものといえる。

法を、思念と行為の指針として生活したならば、偽我による苦悩という泥沼から抜けだし、欲望のままの盲目の人生を送ることはないはずだ。

苦楽の両極端を捨て、止観し、よく自分の心と行ないを正し、正道を実践して、世の一切の苦の執着から超越したならば、生老病死の苦しみから解脱することができるのだ。

苦は、すべて偏った思念と行為が因である、ということを知るがよかろう」
メッタグは、ブッタの最高の法によって、心を正し、行ないを正した生活の中に、解脱の道があると理解されてくるのであった。

三　湧き出づるブッタの智慧

正しい心の在り方は、大宇宙の変わりない運動が示すように、右にも左にも偏らない中道の法にある。その法を生活に活かすためには、自分のこれまでの思考について、それが法という中道の正しさに適っているか、歪をつくっているか、常にとどまって観ることであり、したがって、間違った思念が心にうずき、それをもとにして、ものを見ていたり、行動していたとすれば、その間違いを修正し、同じ間違いを犯さないことが大事である。

中道の行為とは、欲望を満たそうとする行為から、すべて遠離し、大宇宙の心と一つになることである。

ブッタの悟りは、大宇宙の心と一体となったものであり、中道の思念と行為は、大宇宙の心を顕現したものである。

その悟りによって、これまで自分の気がつかなかった苦悩の原因が理解され、その苦悩から離れることができた。

したがって、ブッタの弟子たる者、またはブッタの法を信ずる者は、ブッタが説く中道の生活を実践するものであり、そうすることによって、生老病死の迷いから自らを救うことになる。

正しい生活の大事なことが、メッタグは、ブッタの説法によってしだいに鮮明に理解されてくるのであった。

ブッタは、メッタグにさらに言葉をつづけた。

「東西南北、何れの地にあろうとも、さまざまな現象や執着に心を動かしてはならないし、または、それに安住したり、頼ろうとしてはならない。思念をこらし、反省と瞑想を怠ることなく修行しているサロモン、サマナー（修行僧）は、生と死を解脱し、苦しみと悲しみとを、やがて放棄することができるだろう。

メッタグよ、八つの正しい道は、一切の苦悩から解脱する近道だということを知るがよかろう」

メッタグは感激して、

「ブッタの法を私はよろこんでお受けいたします。

一切の苦悩を解脱した偉大なる聖者、ブッタこそ、すべての神理を悟られたお方です。ブッタの法を聴き、実践された人々は、みな人生の苦悩から解放されるでしょう。私も、ブッタに帰依し、法に帰依させていただきたいと思います。

どうぞ、私をお導きください」

と言い、彼は声をつまらせ、胸の高鳴りをおさえることができなかった。

ブッタと十七人の周囲には、サロモン、サマナーたちがいつしか集まってきて、ブッタの法を聴いていた。誰もその場を立とうとしない。

陽が西に傾き、空を赤く染めていた。陽が沈むと空気が冷えて来て、寒気が肌を刺すようになる。

誰かが、ブッタと十七人との間に焚火を燃やした。

赤々と燃える炎をかこみ、ブッタはさらに言葉をつづけた。

「宇宙の大法を神理と呼び、その神理を悟って実践してこそ聖者となる。聖者は無欲で慈悲にあふれている。道を求める者には、その求める量に比例して慈悲を与え、光を与える。

聖者は、無欲で、愛欲と生存とに執着がない。人生におけるいかなる障害にも忍辱し、彼岸に到達して、粗暴もなく、疑惑もないものだ」

「ブッタ—、ありがとうございました」

メッタグは、ついに絶句して、おいおいと泣き出した。

感動が五体を駆けめぐり、随喜の涙は、つきることなく、彼の心を洗い流していた。

彼の隣りに坐っていたウパシヴァは、

「ブッタ—、お願いいたします。私はブッタの法を信じます。しかし、私は一人で人生における激流を超えることはできないと思います。何をよりどころとして、人生航路の苦と楽の激流を超えることができるのですか。そのよりどころを教えて下さい」

ブッタはウパシヴァに顔を向け、答えた。

「五官の煩悩を捨て、すべてにとらわれることなく、法を、心と行ないのよりどころとして、激流を超えるのだ。

五官による心の中から生ずる愛欲を断ち切り、一切の雑念を離れ、常に心と行ないを清浄にするようにつとめよ」

「ブッタの法をよりどころとして、それ以外のものを捨て、苦悩を解脱している人びとには、退歩がなく、その境地に留まることができるでしょうか」

「その通りだ。しかし、法をよりどころとして生活しているならばよいが、その法が知識となり、空転し、行為がなく、道から外れてしまえば、登り得た山頂の安らぎも持続することはできまい。

行為のない法は、下界のほこりをかぶりやすいものだ。

また、行為のない法は、坂の上から転がり落ちる車のように、アッという間に落下してしまう。

常に、正しく道に精進することを怠ってはならないのだ」

ウパシヴァは、法の厳しさをはじめて知った。

法に帰依するとは、法をよりどころとして、自分に厳しく、止観と禅定を怠らず、それを生活の中に活かすことである、ということを知るのだった。

「ではさらにお聞きしますが、法をよりどころとして精進している者は、いつまでも調和された心の境地に留まることができて、そのまま、自然のままに解脱することができるのでしょうか。

解脱された人々は、転生しないのでしょうか」

「ウパシヴァよ、肉体はこの大自然の中に存在して生きている。

この肉体も幼年から少年に成長し、さらに青年、壮年、老年に老化し、自然に還っていくものだ。

しかし、肉体を支配している意識は、空《くう》の世界、実在の意識界に戻り、やがて縁生によって、現象の世界に転生するであろう。

だが、聖者は、意識界と現象界を自由に行き来することができるので、転生輪廻から解脱しているのだ。

ウパシヴァよ、旅をするときに、馬の背に乗り、象に乗り、舟で川を渡って行くであろう。しかし、乗り物が変わっても、それに乗っている人間には変わりなく、やがて、目的に達することになろう。

肉体は、人生航路の乗り舟であることを知るがよかろう。

解脱への道も、法をよりどころに、実践の生活をつづけてゆけば、自然のうちに調和され、真に安らぎの境地に達してゆくものである。

生老病死の迷いや苦しみというものは、肉体を自分と見、生き通しの自分を知らないがために起こるものなのだ」

「よくわかりました」

こんどはドータカが質問した。

「ブッタのお話を聴き、その実践によって、自分も最高の境地に達することができるでしょうか」

ブッタは微笑をたたえ、答えた。

「ドータカよ、私の法を熱心に学ぶがよかろう。

正しく見、正しく思い、正しく語り、正しく仕事をし、正しく生活し、正しく道に精進し、正しく念じ、正しい反省と瞑想の八つの道を指針として、自己完成をすることだ。法を実践して最高の悟りに達すると、全ヨジャーナーの万物が、すべて、自分の体であることがわかるだろう。

すなわち、宇宙こそ自分であり、宇宙は自分の心の中にあることを知るようになる。肉体は、現われの宇宙の縮図であるということも理解されよう。小さな五官による人間的判断で苦悩をつくってはならないのだ。最高の悟りを知れば、今の肉体がいかに汚れ、泥沼よりきたないものであるかに気がつくだろう。

宇宙即我の境地に意識が拡大されたときには、一切の物質的欲望のおろかしさを悟ることができる。

物質的欲望にはこれでよいとする限度がない。にもかかわらず、物そのものには限度がある。このズレを人びとは理解しようとしない。

肉体に執着を持つ者は、物に執着する。肉体に執着しても、肉体はいつまでも生きつづけることはできない。

この理を知れば、物質や欲望にほんろうされる人間の憐れな姿を理解することができよう。

しっかりと法を学び、実践することだ」

ブッタは、一息つくと、ぐるりと見回し、ヘーマカを指差し、

「修行者よ、何か疑問はないか、なんなりと質問するがよい」

と、言った。

彼は、自分の名を呼ばれ、ちょっと戸惑ったが、

「はい、ブッタ、非常によくブッタの教えが心に響いて参ります。

今まで私が学んできた教えは、先祖より伝来してきた祭事であり、以前はこのようにやった、このような修行がよいのだ、また将来はこうなるだろうというような、他人から聞いた話ばかりで、中身のないものでした。

それればかりか、どこどこのマーハー・イッシーはこのように修行したものであるということで、それでは、こうした場合はどうか、ああした方法はどうかと、最後には議論の種となるだけでした。

私は、そのような説に、いつも疑問を持っていました。

しかし、ブッタは自ら悟り得た体験のために、疑問の余地を与えることがありません。

今までのお説をよく認識して実行すれば、苦悩を解脱し、悟りの境地に到達することを確信いたしました。

本当に、ありがとうございました」

と、謙虚に、自分の実感を述べた。

「ヘーマカよ、この現象界の諸々の動きに心を動かされることなく、欲望や貪欲を除去すれば、悟りの境地になれるものだ。

このことを悟って、常に心の安らぎを得ている人たちは、混乱した世の中のさまざまな執着から解脱している者たちだ。

しっかりと、正道を心の糧とするがよかろう」

ブッタはこう言うと、こんどは女性のトーディーヤー・バラモンに、質問を促した。

トーディーヤーの顔は、長旅のためか、日焼けし、男だか女だかちょっと見わけがつかないほどであった。

旅の疲れをいやす間もなく、ブッタの説法を聴聞し、聴聞後はこうして、車座になって、ブッタから教えをうけている。が、不思議と、疲れを覚えなかった。

姿、形は男のようであったが、語る言葉は女であった。

「はいブッタ、もし愛欲が心の隅になく、渇望もなく、常に正道を心の柱として、心に動揺がなく、一切の苦悩の原因を除去しているとしたならば、その人の解脱は、どういう状態でしょうか」

ブッタは、トーディーヤーの質問に答えた。

「それこそ、最高の解脱といえるでしょう」

「最高の解脱をなされた方は、もう欲望に心が動くことはないでしょうか。智慧の門は開かれているのでしょうか」

「そのような人は、苦悩をつくる欲望を求めることはないでしょう。

人は誰でも仏智を持っているため、智慧の門が開かれていなくとも、すでに英智を備えているでしょう。

執着から離れているとは、無欲であるということであり、愛欲に心を惑わされることはないのだ」

ブッタがやさしく教えると、彼女は軽くうなずいた。

つづいて、トーディーヤーの隣りに座っていたポーサラーが質問した。

「ブッタ、物質欲がなく、あらゆる諸現象に振り回されることなく、心の中も、心の外も、無一物である方の智について、おたずね致します」

「ブッタは一切の認識活動の段階をすべて知りつくしているから、無一物の境地は何によって成り立っているかもわかり、一切の苦楽は心の束縛にあることを知っている。

それゆえ、心の中からは、湧き出づる泉のように智慧があふれてくる。

ポーサラーよ、そのような境地に達するよう修行せよ」

「はい、ありがとうございます」

ブッタは、一人一人のその質問に、真剣に答えていった。

そして、彼らの心境に応じて、わかりやすく道を説いていった。

彼ら一行は、今こうしてブッタに接し、これまで経験もしない、そして認識できなかった事柄について、遂一理解することができ、長旅の目的が叶ったことを、喜び合うのだった。師であるババリーが、十七人を遣わしてくれた慈愛に、彼らは感謝した。もし、選にもれ、ブッタに会うことができなければ、これまで味わったことのない悦びを体験することはなかったであろう。

彼らは、バラモンを通して、道を求めて来た同志である。

それだけに、ブッタの言葉は千金の重みを持って、彼らの心に伝わってくる。ブッタの語る言葉は、光となって、彼らの心を清めてくれた。そうしてその一言一句は、百万言の言葉となって心の中に広がってくる。

もはや、ブッタに質問する言葉がなかった。

ブッタが語った言葉は、それぞれがかみしめればかみしめるほど、味わい深いものであった。

彼らの間に静寂が流れた。

と、そのときだった。

一行の一人であるバドラーヴェダが、涙をふきふき訴えるように語り出した。

「優雅なカピラバーストを捨て、一切の愛欲、欲求を断ち、人生の勝者となり、智慧の化身となられたブッタよ。

迷える我らに法の灯を与えられ、心から感謝いたします。

我らは、今ここにおいて、ブッタの法に帰依し、サンガーに帰依させていただきたいと思います。よろしく、ご指導くださいますようお願いいたします」

彼はこう言うと、ブッタに合掌し、深く頭を下げた。

ブッタは彼を見て、やさしく言った。

「バドラーヴェダよ、
人々の心の姿は、五官、煩悩に惑わされて、限りなく変化するものである。

欲望の心が生ずれば、その欲望が満たされても次の欲望が己の心を支配し、安らぎの境地に達することはできないものだ。

正しい心の規準を失った心の暗い者たちは、偽我がつくり出した心の魔によって、己自身が支配され、苦悩の人生を送ってしまうものだ。

そなたたちは、よく法を悟り、行ない、世間の諸現象に執着の心を宿してはならない。

生死の領域にこだわりを持ち、愛着している者たちは、まだ執着に心をとらわれている者たちなのだ。

一切の欲望による心の破壊から、自己を守るための努力を惜しんではならない。

実践には勇気が必要だし、常日頃の努力を積み重ねることが大事だ。

そして、より豊かな智慧によって、執着の根を除くことが、安らぎへの近道だということだ」

「ありがとうございます。ブッタ、ありがとうございます」

バドラーヴェダは、感激の言葉にふるえていた。

後に座っていて、人の影で見えないナンダが手をあげて、ブッタに質問した。

「ブッタ、世の中には聖人といわれる人びとや、自らを聖者と名のっている者が多くおりますが、聖人とは知識のすぐれている人をいうのでしょうか。それとも、肉体行をしている修行者や、すぐれた業績を残した者をいうのでしょうか」

「ナンダよ、本当の聖人とは、一切の執着から離れ、欲望もなく、悩みもなく、病める人びとの心に、安らぎの法灯を点じて行く者をいうのだ。

学問的研究によって得た知識で、意見を言っても、その者たちが生活の中に偽りの我をつくったり、偽りの行為をしておれば、すでにそれは、知だけのものであり、行為は死んでいる。そこには本当の智慧はなく、論争の種を蒔くことで終わってしまうだろう。知識というものは、何かを見たり、人から話を聞いたりすることによって得るものであり、大抵は外から入ってくる。

知識の範囲というものは、それゆえ、広いようで狭い。

しかし、智慧というものは、内から湧いてくるものだ。だから、つきることがない。いかなる事象にも対処し得る。

世の中は時々刻々、変化して止まない。その変化に心を動かされず、その事象を超えてゆくのに必要なものは、知識ではなく智慧である。

智慧は、正しき行為によって、心の中から湧いてくる。人々に慈悲を与え、暗い人生に、法灯を点すものは、無限につきることのない智慧であろう。

聖人といわれる者は、自己を完成し、人類に法灯を点した人である」

「わかりました。ありがとうございます。

では、もう一つおうかがい致します。私たちのように、バラモン種の宗家に生まれ、祭事を中心に生活をしている者たちは、昔から、宗教的仕事を果たすことによって、清浄になれると教えられています。

また、厳しい肉体行を通して、清浄になれると、ある修行者は教えています。

また中には、学問によって清浄になれるといわれていますが、このようなことで、生と死の苦悩から解脱することができるでしょうか」

「ナンダよ、そなたのいう清浄というものによって、悟りの境地に到達した者はまだひとりもいないのだ。

他力による神々の供養に、多くの宝石や食べ物を供えたところで、光明の道がひらけるものではないのだ。

なぜかというと、これ以上、神に、何を頼るのか、である。

神はすでに、すべての物を私たちに与えているではないか。生きてゆくのに必要な大地、水、空気、太陽の熱、光……。

それをいただかないのは、人間がそれをいただくような生活、環境をつくることを忘れているからではないか。

頭だけの知や、独りよがりの行ないでは、清浄の心になることはできない。

他力では、生と死の執着から、解脱することができないということを知るがよかろう。

出家しているサロモン、サマナーや、その他あらゆる修行者たちが、すべて、生死の束縛を受けているとはいえないだろうが、要は、この世で体験した誤った観念や、行為、見たり聞いたりしておぼえた宗教的義務などを捨て、一切の欲望を捨て、心の中に汚れのなくなっている人びとは、人生の厳しい荒波を超えることができるだろう。

伝統や習慣、教育などがつくり出した環境の中にあって、それらのものにほんろうされず、常に、疑問と追究を怠らず、勇気と努力、そして、智慧を生かしてゆく者は、ついには、正しい普遍的神理に到達することができよう」

「ブッタ、よくわかりました。疑問と追究によって、やがて神理に到達する。私も、これから大いにはげみたいと思います」

彼らの質問は、ヴェシャーや、クシャトリヤとちがって、核心に触れてくるものが多かった。

知と化したバラモンとはいえ、ヴェーダや、ウパニシャードは、もともと神理が説かれているものであり、要はその神理を、いかに自分の頭上に輝かすか、ということだけが、彼らに残された課題なのであり、ブッタの一言一句は、胸に応えてひびいてくるのだった。

宗教には必ず罰というものがついてまわるようだ。いうなれば神の怒りである。

このため人々は、神の怒りを恐れて、疑問や道理を追究し、その認識を深めようとはせず、いたずらに神を畏み、神を崇め、神を祀ることに腐心してきた。

バラモン教が化石化したのも、神の怒りというものが、長い祭儀の歴史の中に忽然と現れて、それが人から人へと伝えられてきたためだった。

バラモン教はもともとバフラマン（梵天）の神理をもとにしている。バラモン教とはバフラマンの教えという意味である、そのバフラマンの教えも、表現が変わり、粉飾され、塵やほこりの中に埋没することになってしまったのである。当時のバラモン教は、今日の仏教の姿といってもいい。バラモン教の僧たちは、バフラマンの怒りを恐れ、ひたすら祭儀に熱中し、祭儀のための信仰となってしまった。

サラナンダは、この点に前から疑問をいだいていた。

そこで彼女は、こうブッタに質問した。

「バラモン教の指導者たちは、祭儀を怠るとよく罰が当ると教えていますが、神々は本当に罰を与えるのでしょうか。ブッタ、どうかお教え下さい」

「サラナンダよ、そなたの両親は健在か」

ブッタはやさしい眼差しでこうナンダにただした。

「はい、両親はすこぶる元気でございます」

「兄弟はおるのか」

「はい、弟と姉がおります」

「今までに、そなたの両親が、そなたを不幸にしようと、そなたをかえり見なかったことがあるか」

「いえ、いつも私のことを心配してくれます。私を不幸にしようなどとは、思ったこともないでしょう」

「サラナンダよ、神が、盲目の厳しい人生を体験している我が子たちに罰など与えると思うのか。神は、人間の父であり母であるのだ。

罰は自らの心と行ないに間違いがあったときに、自分自身がつくり出すものなのだ。神が人間に罰など与えるはずはないのだ」

サラナンダは、胸の奥にいつも何かつかえていた問題が、ブッタの言葉で初めて氷解してゆくのを覚えた。

神の怒りや神の罰というものは、いわば宗教の指導者たちが、自分たちの都合のため勝手に創り出した、人びとへの威《おど》しであったのだ。彼らは、自分の立場を確立させるために、人びとが自分たちの意に反した行為をとることを防ぐために、こうした威しを使ったのだ。もっとも卑しい考え方であったのである。彼女は重みのあるブッタの言葉で初めて、その真相を理解することが出来たのであった。

サラナンダの質問が終わると、ジャトーカンニンが質問した。

「ブッタはなぜ愛欲を否定するのですか。私はそれをききたいと思います」

「愛欲は心の中を炎と化し、人間本来の仏性を失わしめることが多いのだ。いったんその炎が燃え上がれば、自制心を失い、いっときの快楽のゆえに、道を誤ることが多いのだ。愛欲は独占欲を生み、人間を欲望の虜にする。

異性を見て心を騒がせただけでも、姦通の罪を犯したことに等しいのだ。そうして、愛欲は心の中に曇りをつくり出してゆく。

心の中の曇りは光明をさえぎり、苦悩をつくり出す。

それゆえに、愛欲を抑制し、これから離脱してこそ、心の安らぎが得られるものだ。

しかし、そのために心の中にこだわりをつくってはならない。

こだわりは、心の中にしこりとなって残るものだ。そして、いつの日か、そのこだわりは現象化するからである。

要は、その因を除去するための勇気と決断が必要だ」

「ブッタ、在家の修行者は愛欲について、どのようにしたらよいのでしょうか」

この質問には、誰もが注目した。

なぜなら彼は、ババリーの下を離れたそのときから、道々仲間とこの問題について話し合ってきたが、結局、ブッタに聞く以外ないとの結論だったからだった。

彼は、顔を真赤にして、ブッタの言葉を待った。

「在家にあっては夫婦の営みはたいせつなものだ。その中にあって、愛欲を燃やし心の中まで乱すことは少ないだろう。

ただ、その愛欲が第三者に発展するとすれば、そこに憎しみが生まれ、嫉妬に心が燃えさかるであろう。

となると、夫婦はそれぞれ憎しみや嫉妬の毒を心の中に食べ、苦悩をつくり出してしまう。

一夫一婦の家庭の中において、足ることを知った愛の生活は許されるのだ。つまり、心の中に抑制できる理性が働いている者たちならば心配がないといえよう。

一方、出家して、独身の修行者が愛欲のとりこになれば、自ら苦悩という欲望に追われ、悟りの境地から遠ざかってしまうだろう。

愛欲の経験があったとしても、その無常を悟り、よく反省をし、二度と同じ間違いを犯さなければ、心の中は安らぎ、平和な境地を得ることができよう」

「ブッタ、よくわかりました。

愛欲は五官を通してつくり出されるものであり、心の中に苦悩の原因をつくるものであることが理解できました。ありがとうございます」

ジャトーカンニンは、平静な顔に戻り、自分の心の中を支配していた異性への憧れが次第に小さくなり、消え失せてゆくのを覚えるのだった。

次に、面長のカッパーが、ブッタに質問した。

「ブッタ、今、人生の過程において、最も厳しい環境の中で苦悩している者、また、生と死の間にあって苦悩する人びとを救済するには、どうしたらよいのでしょうか」

「カッパーよ、

人生の苦悩の泥沼の中であえいでいる者たちは、なぜ苦悩しているのか、その原因はどこにあるのか、その苦悩の根を除き、法を頼りに心の執着を除き、一切のとらわれを捨て去ることだ。

心と行為の間違いを修正したときに、光明に満たされ、魔の奴隷から解放されるだろう」

「ブッタ、よくわかりました。正しい道に精進し、自己を完成し、苦悩にあえぐ人びとの心に、安らぎある法灯をともしたいと思います。ありがとうございます」

最後に、体の大きい、そして、リーダー格のピンギャーが質問した。

「私はすでに年老いて、眼はかすみ、耳も遠くなってしまいました。これまでの修行方法によっては、心の安らぎを得られないまま死んでしまいます。中途半端なままに、この世を去りたくはありません。ブッタ、私に道をお説き下さい」

「五官に惑わされている者たちは、心の本性を知ることだ。感情におぼれることなく、愛欲にふりまわされることなく、知識におごることなく、常に、正しい法に適った理性によって心を調和しなければならない。思念と行為において、正道を外すことなく、清浄な生活こそが、より豊かな心をつくるために必要なのだ。

老衰に悩まされるならば、より法の実践を怠ることなく励み、一切の欲望を捨て、心を清浄にすることが必要であろう。

その積み重ねが、やがて、そなたを彼岸の悟りに到達させることになろう。

そなたはババリーの下に帰り、真実を報告することが師への報恩だろう。ババリーはそなたの帰りを楽しみにしているだろう。休養をとり、帰国するがよかろう」

「ブッタ、法を実践します。バラモン教の聖典は、よく理解していたつもりでしたが、所詮は知の学問であり、実践生活の乏しいことに気づきました。今こそ、心の偉大さをはっきりと知りました。故郷に帰って、師に報告し、ブッタの教えをしっかり実践します。そうして、ブッタの法を、バラモン種に伝え、彼らの心に法灯をともしたいと思います」

「それがよかろう」

こう言ってブッタはうなずき、つづいて十七人を見回すと、次のように結んだ。

「皆の質問も終わったようだ。その答えの一つ一つをよく理解し、法をしっかりと心の物差しとし、法をよりどころとして実践したときに、生老病死の苦悩から解脱し、彼岸の安らぎに到達しよう。怠らず、しっかり学んでいって欲しい」

ブッタと十七人のバラモンの対話はこれで終わった。

これらの対話の中には、さまざまな人生の難問題が盛られている。

彼らは、ブッタに会うまでは、これらの問題を解決することも、思考を前進させることも出来なかった。

ブッタに会って初めて、人間の心の偉大性を眼のあたりに知った。

十七人は、ババリーの弟子の中でもいわば選りすぐられた者たちである。その彼らもババリーの下では経典に書かれていることを、うのみにするしか方法がなかった。難問題に出会うと、教えのどこそこにこう書かれてある、いやこうであったと、ついには議論になるのが常だった。そうしてあとは、ただうやむやのうちに、因襲と伝統の中に押し流されてきた。

知識については、彼らは常に自負し、どのような修行者が来ても負けることは少なかったが、今こうしてブッタに会ってみると、その知識のむなしさを、いやというほどみせつけられた。心の中から湧き出づる智慧の素晴らしさに、彼らは目を開いたのであった。

陽はすっかり、西に没し、グリドラクター山頂と空の切り目が不明になるほど、彼らの周囲を夕闇が包んでいた。

ブッタと十七人を暖めている焚火の炎が勢いよく燃えている。

どの顔も焚火の火を映して赤く輝いていた。

四人の女性の処遇については、ブッタはちょっと考えた。

というのは、女性のサロモンの入団は釈迦教団ではこれまで許していなかったし、出家者はすべて男性にかぎられていたからであった。

しかし、四人の者たちは過去世からの深い縁を持っており、女性だからといって、これを拒む理由はどこにもなかった。

志操が堅固であり、男性に劣らぬ者であれば、サンガーの一員に加えることこそ法であろう。

男女は法の下では平等であり、人間社会は男女の正しい生き方によって成り立つものであれば、サンガーの在り方もそうでなければ不自然である。

この考えをさらに広げてゆくと、釈迦教団は出家僧から成っているが、出家はいわば伝道者の一団であり、法の適用が出家者のみに限られ、在家に及ばないとすれば、法はいつまで経っても人間社会に生きてこないはずである。

法は一部の者の独占物ではない。人類のものである。

神のものである。

したがって法の適用は、在家に及んでこそ価値を生み、やがて調和ある仏国土を招来するものだろう。

釈迦教団は、ブッタの法を全人類に浸透させるいわば先兵であり、在家の中に法の種を蒔いてゆくものである。

こうした意味から、男女の区別があっては不自然であり、志操が堅固であれば女性の出家を認めてもよいであろう。

ブッタは四人の女性については、バラモンの出家修行者として、サンガーに加えることを許すことになった。ただし、男性の修行者とは別な修行所で生活することを指示した。これは、男性との不純な交渉に入らぬための配慮からであった。また、これら四人の女性は、ブッタが説法する前に衆生を集めるための要員として働いてもらうことになった。

ピンギャーを除く十六人のバラモン修行者は、ブッタの法を理解するのが早く、マイトレーヤーをはじめとして、次々にアラハンの境地に到達していった。

何日かの休養をとり、ピンギャーは、ババリーの下に帰った。

彼は師に会うと、まずこう言った。

「師よ、本物のアポロキティー・シュバラーでした。ブッタでありました。

智慧の塊りのような清らかなブッタは、自らの体験を通して、悟りの道をお説きになりました。

一切の欲望に足ることを悟り、執着もなく、嘘などそくざに見破ってしまいます。

心の中は汚れなく、増上慢のかけらもなく、私どもにたいしては優しい言葉で法を語って下さいました。

過去、現在、未来を自由に見通し、心の中の闇を滅し、空なる実在の世界に遊び、観自在のために、生と死の転生輪廻からすでに解脱され、一切の苦悩を断ち、心は常に平和で動揺がなく、言葉はすべて神理です。あの方こそ真の偉大なるブッタでありました。

ブッタは他人の言葉を借りることなく、すべて、ブッタの心の中から湧き出ずる智慧によって、その神理を説かれます。

私もようやく真実の道にたどりつきました。

そして今では、あたかも乾き切った大地が、慈雨でうるおされたように、心のかわきは、ブッタの法でうるおっています。

ブッタの五体は淡い黄金色の光明によって美しく包まれておりました。

ブッタは聡明であり、平和で、安らぎに満ち、慈愛の塊りというお方です。

ブッタは私の心の中の闇を除いて下さいました。その法灯によって、心は光明に満たされ、渇望を根絶し、一切の災厄を滅してくださいました。

今までにない心の安らぎを得させていただきました。

師の恩を心から感謝します」

ピンギャーは言葉もつかえず、一気に語った。ババリーはうなづきながら、その報告を黙ってきいていた。

ババリーは、ピンギャーの報告を聞くうちに、自分ももっと若ければ、その偉大なブッタに直接に会える機会を持つことができたであろうと、感無量の思いに打たれた。

しかし、自分の志は弟子たちの正法帰依によって報われ、救われたとババリーは思った。

「ピンギャーよ、そなたはなぜブッタの下を離れ帰って来たのだ。

わしはもはや、余命いくばくもない。もうそなたたちに与えるものは何もない。

たとえ報告せよといわれても、偉大なブッタの下で修行すればよかったではなかったのか」

「師よ、それは違います。ブッタが私のために説かれた法は、直接私の心の中に根を張り、それはそのまま効果を現わし、一切の執着から解脱することができたのであります。

私はいつもブッタを心の眼で拝し、法をよりどころとしておりますから、どんな遠方にあってもブッタの心に通じております。

私も年をとりすぎてブッタの下に帰ることはできませんが、ブッタの法を頼りに、これからも精進してゆきたいと考えております」

これをきいたババリーは、よろこび、その長身の体を前かがみにし、ピンギャーの手をとると、

「その法灯を心の中に灯し、一切の苦悩から脱して彼岸に到達するがよかろう。

わしもブッタの法をしっかりと心に定め、ニルヴァーナ（涅槃）の境地に達するよう精進しよう」

と言って、彼は泣いた。

「師よ、真のブッタは、そしてその心は神の心そのものであり、粗暴な態度もなく、慈

悲そのものであり、法そのままの生活です。

ブッタは、あらゆる諸現象の原因と結果を悟られており、いかなる疑問をも明快に解決してくださいます。

師よ、偉大なるブッタの弟子に推して下さいまして、本当にありがとうございました」

ピンギャーも、ババリーのひざの下で泣き崩れた。

ババリーは弟子たちの優しい心遣いに、流れ落ちる涙をぬぐおうともせず、彼の下で慟哭するピンギャーの背に眼を落としていた。

ババリーは、細面ての上品な顔立ちであった。

ピンギャーは、ずんぐりむっくりとした大きな体をしており、二人がならぶと、ピンギャーは押し出しがいいので、一見どちらが師であり弟子であるかわからないほどであった。

しかし、ババリーは長年、多くの弟子たちを持ち、その知識の豊かさは、たいがいのバラモンでは歯が立たなかった。

優しい心の持主であり、いつも弟子たちの健康や、細かい心遣いを絶やしたことがなかった。

彼が強い調子でブッタに帰依することを弟子たちにすすめなければ、十六人は彼の下を離れることはなかったであろう。

師と弟子という関係よりも、彼らは親子のような親近感でつながっており、どんなささいなことでも弟子たちは師に相談を持ちかけたものだった。

だから、彼の下に帰ったピンギャーばかりか、ブッタに帰依した十六人も、故国にあるババリーを想いながら、彼らは、修行に励むことを忘れなかった。

ババリーは、ピンギャーから法をきき、その法を心の柱として、今までの人生をふりかえり、間違いがあれば、それを正していった。

そうしてやがて、悟りの境涯に昇華してゆくのであった。

このババリーこそ、偉大なる、バラモンの師、阿閦《あしゅく》如来といわれるその人であった。

故国に帰ったピンギャーも、反省と、己を正す生活の結果、アラハンの境地に達していった。そうして彼は、ブッタの法をバラモン種に説いて行った。

パラナッシーの修行者たちは、ピンギャーの説く法を心の糧として、次々とブッタのサンガーに帰依して行った。

彼は、ヤサとも交渉を持ち、連絡をとりながら、カッシー国に法灯を点じ、多くの人々にブッタの法を広めて行った。

第六章　サンガーの生活

一　ジェーター・ベナーの寄進

コーサラ国の都、シラバスティーに住むマーハー・ヴェシャー（大富豪）に、アナタ・ピンデカといわれる人がいた。

彼の名をスダッタと呼び、マーハー・コーサラ・ラジャー（マーハー・コーサラ王）の信頼も厚く、多くの人びとから尊敬されていた。

スダッタは、戦争で両親を失った遺児や気の毒な子どもたちのために孤児院をつくり、救済活動をつづけていた。

彼は、マガダ国にいる義兄ガランダの屋敷を訪ねた。

屋敷の庭内を一歩入ると、多くの召使いや、小作人たちが集まって、忙しそうに立ち働いている。誰かを迎えるための準備のようにもうけとれる。

彼は、ビンビサラ王の一行でもお迎えするのかなと思った。

いつもなら、彼の顔を見ると大抵歓待してくれるものだが、今日はそれどころではないといった有様である。

彼は、人びとが甲斐甲斐しく立ち働く様をしばらく眺めていたが、肩をたたく者がいるので後をむくと、義兄のガランダがニコニコしながら立っていた。

「やあやあ、コーサラの兄弟、今日は忙しくてお迎えも出来ず、申し訳なかった。遠路おつかれでしょう。どうぞ、こちらでおくつろぎください」

スダッタも軽く会釈し、

「義兄さん、この騒ぎはどうしたというのです。ビンビサラ王でも見えるのですか。大勢の家の子郎等が焚火をして……、ご迷惑なところに来てしまいまして……」

と、彼は挨拶した。

「それどころか、本当によい時に来てくれました。ラージャンではなく、ブッタをお迎えするのです。千七百人のブッタのお弟子さんたちに食事の布施をしたいと思い、今日がよいというので、その準備をしているところです」

スダッタは、ちょっと不思議そうな顔をして、

「本当のアポロキティー・シュバラーのことですか」

「そうです。本当のアポロキティー・シュバラーが出現したんです」

アポロキティー・シュバラーとは、すでに述べているように、バラモン教のヴェーダやウパニシャードに書かれている過去、現在、未来を見通すことの出来る能力、つまり悟られた方、ブッタをいうのである。

「コーサラ国のマーハー・バラモンの予言者たちから、偉大なシュバラーが出現しているということを聞いていましたが、やはり本当ですか……。これは良い機会に恵まれました」

スダッタは、そのブッタにひと目会いたい、とかねてより願っていたので、義兄の言葉に、胸が波打つものを覚えた。

スダッタは、屋敷の奥に案内された。

二人は向き合って座り、茶菓子を口に入れて、くつろいだ。

「義兄さん、ブッタはどんなことを教えておれますか」

「人間の苦悩の原因を示し、その原因をとり除くためには、八つの正しい道を生活の上に当てはめよと、説いておられる。つまり、人間が思うこと、行なうことの生活行為の中で、八つの正しい道は、さまざまな苦悩を解放する唯一の物差しだとしておられる。八つの道は、善我であるウソのつけない本性であり、その本性にそって生きて行けば、人間は仏の心を体得し、苦しみ悲しみからぬけられるとしている。苦悩の原因は偽我という自己保存の足ることを知らぬ欲望に起因している。私もブッタの教えこそ、本当の人の道だと確信し、今のような安らぎある生活はブッタの教えを生活の中に生かしたからだと思っています」

「なるほど、自分に嘘のつけない心は確かにある。その心こそ、大事だということですね」

「そうです。バラモンの種姓のみが神々の使いであるとの教えには間違いがあるということです。今迄、バラモン種のみに布施して来ましたが、ブッタは、人間は皆平等であり、差別はないものと教えています。私はこれが本当の教えだと思っています。

バラモンの修行者である有名なウルヴェラ・カシャパー大聖仙もブッタに帰依しました。立派な方ですよ。自分の拝むアグニーの神を捨てて、弟子もろともブッタに帰依したのですから、立派なものです」

「そうですか、ウルヴェラの修行場であるガヤ・ダナを捨て、ブッタに帰依したのですか……。そうするとブッタは本物ですね。ブッタの国はどこですか」

「あなたの国のコーサラです。カピラバーストのゴーダマ・シッタルダーという王子です。まったくバラモン教に関係のないクシャトリヤです。悟るまでは大分苦労されたようです」

スダッタは、興味深くブッタの様子を聞いた。

バラモンの中からシュバラーが現われるとも聞いてもいたし、バラモンにそれを期待はしていたが、形式と優越感にひたる化石化したバラモンからは、シュバラーはやはり不可能だと、彼は思った。修行も他力的であり、人びとの上に君臨するようではすでに神の教えとはいえない。教義は立派でも、その行ないがチグハグでは、魂のない人形と同じことである。

真の教えは、いわば宗教を商売としている中からではなく、まったくの素人の中から忽然と現われ、人びとの前に立たれるのが本当だ。

ブッタはやはり本物にちがいない。ブッタに会いたい、とスダッタは思った。

「義兄さん、ブッタはどこにおられますか、私も是非お会いしたいと思います」

スダッタの眼の輝きを見てとったガランダは、義弟の心のうちを察して、

「私の竹の園に、ベルヴェナーというブッタに寄進した精舎があります。ビンビサラ王の希望もありましたし、私もマガダに偉大なブッタが法を説く場所が必要だと思ってつくりました。あなたも、シラバスティーの都に精舎を寄進しませんか。衆生のために、法をきかせてあげたいですね」

「今、私もそのように思いました。明朝、ベルヴェナーに行き、ブッタにお会いしたいと思います。義兄さん、マガダに来た甲斐がありました。金銀財宝に勝るものは、真実の法を説くブッタとめぐり会うことです。法を点す方こそ、国の宝です。本当にありがとうございました」

スダッタはブッタの話を義兄から聞き、ブッタを想像しただけで、何かしら熱い感謝が胸の中からこみ上げてくるのを覚えた。

つづいて彼の脳裡をかけめぐるものは、精舎建設の場所、規模、精舎のつくり方であった。

一夜をガランダの家ですごした彼は、一番鶏のなき声とともにはね起きると、義兄が寄進したベルヴェナーの竹林に向かって歩いていた。

露ばんだ野草がスダッタの足を快くぬらした。濃い霧が周囲一面を蔽っている。夜明けの竹林に一歩足を踏みこむと、何かおとぎの国にでも迷いこんだような錯覚をおぼえ、幽玄な気持と孤独感が体に伝わってくるようだった。

彼の毎日は多くの人々の中で過ごし、何不自由のない生活である。孤独を感ずるときは、物事を決定する際と、床に入ってこれから深い眠りに入る瞬間ぐらいなものであった。

しかし、一日の間でこうした瞬間というものは、ほんの僅かな時間であり、彼の周囲は朝となく昼となく人びとが集まり人びとの中で生活しているので、霧に包まれた竹林の幻想的な情景は、彼にとっては神秘的でさえあったし、人間の孤独さが感じられるのであった。

竹の葉が夜露にぬれて、重そうに垂れ下がっている。

彼は思った。人間は孤独なのか、それとも人びとの中にあるものなのか。

真実の人間は、いったいどちらの側に属しているのだろうか、と……。

ふと、右前方をみると、薄ボンヤリと人影が浮かんで見える。

よく見ると、一人の修行者が自分の方に向かって歩いてくるようであった。

目の錯覚か、それとも本当にそうなのか、その修行僧の頭部のあたり一面が、明るく、円形を描くように光って見え、ただのサロモンとはちがうようであった。

彼は心の中で、もしやこの人こそブッタではないだろうか、と思った。

そう思うと、急に胸騒ぎがおこり、自分の肉体の深いところから、急に何かがこみあげてくるのを覚えるのだった。

彼はサロモンの前に進み出ると、自然に口をひらいていた。

「ブッター、ブッター、シュバラー、シュバラー……」

となかば叫ぶように声を出していた。

ブッタはこれに応えるように、

「おお、マーハー・ヴェシャーよ、よくこんなに早くお訪ねになりました。今、私は林の間を散歩していたのですが、人の気配が感じられたので、こちらに来ました。あなたは、コーサラ国のアナタ・ピンデカ様ですね」

と言った。

スダッタは、何故自分の名前を知っているのだろうと疑問を抱きながらも、

「はい、私めは、アナタ・ピンデカと呼ばれているスダッタで、ガランダは私の義兄でございます。ブッタ様にお会いできて、こんなにありがたいことはありません」

と、答えると、彼は地面に体を前にたおし、両手を頭上に合掌させ、ブッタを迎えた。

ブッタは、スダッタのその真摯な態度を、やさしく見守りながら、

「まああ体を起こして、さあ、精舎にきてください。法を説く者に布施すれば、その功徳は大きく、法灯を心にともせば、その人は天上に生まれるでしょう。あなたの兄上は立派な方です」

「ブッタ、ありがとうございます。私もコーサラ国に精舎を寄進いたしたいのです。コーサラ国のシラバスティーの衆生に対しても、正しい法を教えていただきたいのです。私の布施をお受け下さい。ブッター……」

「スダッタよ、法を説くブッタの環境をつくる人びとを大黒天と呼び、その功徳は偉大

なものである。子孫は栄え、その家系の諸人に法灯は心の安らぎとなって点されて行くであろう。また、転生の過程において、天国への門が開かれるであろう」

スダッタは、偉大なブッダの言葉を胸中深くおさめた。彼は、精舎建設の段取りを打ち合わせると、ガランダの屋敷に帰った。

「義兄さん、ブッタはすべてを見通しでありました。やはり言われる通りでした。商売のことは何れ日を改めて打ち合わせさせていただき、ともかく帰国し、精舎建設の用地を探したいと思いますので、ひとまず失礼いたします。ベルヴェナーの構造について、大工を回しますからよろしく指導してくださいい。本当にありがとうございました」

「おお、それはよかった。だが、帰国はまだ早いでしょう。四、五日は泊ると申されていたではありませんか。疲れておられるようだから、もう暫く休まれ、それからにしてはどうですか」

「義兄さん、それが不思議なことに、ちっとも疲れないのです。これもブッタにお会いした功徳のおかげと思っています。お言葉に甘えて、それでは明朝出発させてもらいましょう」

「そのようにした方がよい、今晩はゆっくりとくつろいでください」

二人はこうして、ブッタの話で一夜をすごした。

スダッタは翌朝、ガランダの家をあとにした。

コーサラ国に帰ったスダッタは、早速、精舎建設の場所を探しに出かけた。

各地をまわって見て歩いた結果、シラバスティーの郊外に風光が一段とすぐれているところがみつかった。

調べてみると、国王の義兄に当たるジェーター太子の領地になっていた。

そこで、スダッタは、ただちに太子に会い、領地の一部をゆずって欲しいと願い出た。

もちろん、彼はブッタのこと、法の偉大さと民百姓を救うため、全財産をこれにつぎこむことを繰り返し述べた。

ところが、どうしたわけか、スダッタの熱意とは反対に、太子は土地を譲る気持がないばかりか、彼の再三の頼みに、しまいには怒り出してしまった。

「スダッタ、お前はくどい男だ。シャキャ・プトラーのゴーダマ・シッタルダのために、わしの領地を差し上げるというのか。わしはコーサラ国のパセナディー王の義兄だ。よく考えて物を言え、ゴーダマがわしに領地をくれるというのなら分かるが、お前の話はあべこべではないか。もし欲しいと言うのなら、欲しいだけの土地に金銀財宝を敷きつめたらお前に売ってやってもよい。どうだ、それでもやるか……」

太子は大国の面子にこだわっていた。

根は悪い男ではないが、太子はなかなかの策士であり、突いたり、引いたりして、相手の心底をたしかめる政治家であった。

戦国の世はこういう武将がいたるところにいて巾をきかせていた。

だが、スダッタは、太子の気性を知ってはいたが、これほど分からずやとは思わなかった。

そこで彼は、

「太子――、私の欲しいだけの土地に財宝を敷きましょう。明日、それを持って来ますから、よろしくお願い致します」

太子は、一途なスダッタの顔を覗きこむように、ジッと見つめていたが、なおも意地悪くこう言った。

「お前も物好きな男だ。そんなに言うならやってみろ。もしそれがやれず、わしを騙すようなことがあれば、お前の首は胴から離れていよう。よいか、分かったか、スダッタ……」

スダッタは太子の城を出ると、ただちにその準備にとりかかった。

一夜明けた彼は、何台もの荷車に積んだ彼が集めた財宝を次から次と、太子の前にまきはじめた。

その壮観たるさまには、太子も息をのんだ。

宝の山が彼の目の前に築かれていく。金銀ばかりか、さまざまな宝石が彼の目の前で怪しく光る。

スダッタの実力は聞いてはいたが、これほどとは思ってはいなかった。しかし多くの財宝を惜しげもなく、まるで水を大地にまくようにちりばめていった。スダッタの顔は冷静そのものである。太子は二度びっくりした。

スダッタは命を捨てていた。やはり、ただ事ではなかった。

ジェーター太子は、

「スダッタ、もうよい分かった。お前の捨て身にわしも参った、参った。その財宝は建物の費用に使用するがよかろう。お前の好きなだけ用地を使うがいい」

と言うなり、彼は城に戻ってしまった。

「一切の執着から離れた時に、光明に満たされる――」

というブッタの法が、はからずも生かされた。

スダッタは、それを身をもって体験するのだった。

土地が決まれば、いよいよ精舎の建設である。

彼は義兄のガランダに馬を走らせ、竹林精舎をつくった大工と、彼が集めた大工を引き合わせ、精舎建設を進めることになった。

工事の責任者は、ブッタの指示もあって、マーハー・モンガラナーに決まった。

ブッタの精舎を建設するというので、建設に用する資材は各地から集められ、人びとは喜んでこれに参加した。

ジェーター・ベナーは、かくして、思ったより早く、しかも立派に完成されて行った。

工事が大がかりになると、大抵は怪我人や、死者が出るものだが、こうした人身事故は一件もなく、精舎建設に反対だったジェーター太子までが、自ら大門を寄進するばかりか、パセナディー王も絶大な支援者になっていた。

コーサラ王の協力は、全コーサラの人々にも当然伝わって行った。

カピラバーストのシュット・ダーナー王の耳にも入った。

王に伝えたのはアシタバ・イッシー（アシタバ仙人）の甥、カッチャーナーという修行者であった。

父王は、シッタルダーの名が広がるにつれて、これまで忘れかけていた我が子会いたさの懐旧の念に、またしてもかられた。

彼はただちに、シッタルダーの下に使いを送った。使いの趣旨は簡単である。

「是非会いたい――」

ということである。

だが、ブッタの返事は、結論的には出家直後のあの時と変わらなかった。

「その時期はまだ先……」

といって、断った。

ブッタは父王の志を無碍に断るつもりは毛頭ない。急速に拡大する帰依者（サンガー）の教育に、説法に、その毎日が忙殺されており、もう少し情勢が落着いてから、カピラに帰り、父王や、城内の人々に会いたいと思っていたからであった。

父王の使者には、その旨を、ブッタは説明した。

しかし、父王は、またしてもブッタに機先を制せられたと思った。

父王の心の奥には、まだ、ブッタに対する我が子としての執着があり、生活を共にしたいという思いがあったからだった。

二　雨　期

今日のインドはインド洋に突出した逆三角形の半島をなしている。半島というから、いかにも小さな国と思われるがその面積は約四百四十二万平方キロ、人口も約六億にのぼっている。インドは単なる半島どころか大陸の一つであるといえる。

北は世界の屋根ヒマラヤ、カラコルムの大山脈、東はパトカイ、アラカンの大密林地帯、西は不毛のヒンズクシー、スレイマン山脈がつらなり、自然の大障壁を為している。

地形や地質からみると、インドは南部のデカン高原、中部のヒンドスタン高原、北部のヒマラヤ山系の三つに区分される。これらの地域は気候風土が異なるため、生活様式や言語も種々雑多に分かれている。最古の住民はセイロンと中部インドの密林に生活する未開諸族（プロトオーストラロイド）であり、ついで南部に多いドラビダ系（インダス型）が来住し、さらに紀元前二千年ごろからアーリア系（プロトノルディク型）が北西部に進出している。また、チベット、ビルマ系のモンゴロイド系東部に移住しており、その人種形態は多様を極めている。

このため、言語学的にはインド語は約八百種以上に分けられる。しかし今日の公認のものは七十種で、このうち主要言語は十五種に集約され、公用語に英語も併用されている。

言語は大別して、ヨーロッパ語（アーリア語）、ドラビダ語、ムンダ諸語、チベット、ビルマ語などであり、このうち多く使われている言葉は、アーリア諸語と、ドラビダ語（セイロンとデカン高原を中心とする）である。

言語が多いとどうしても意志の疎通を欠き、争いの原因をつくる。このため、英国の植民地になる以前のインドは常に戦乱をくりかえし、争いが絶えなかった。

インド古代史は、アーリア人のパンジャプ移住から始まる。紀元前約二千年から千五百年の昔である。その前はエジプト、ギリシャ、イラン地域から移動してきたものだ。パンジャプは西パキスタンの北部にあたるが、アーリア人はここでまず農耕民族として定着し、ここから再びインドの北部、西部に移住をはじめる。

アーリア人は自然現象に神性を認め、やがてバラモン教の根本経典であるリグ・ヴェーダをつくり、インダス、ガンジス河流域地帯に進出するのである。

バラモン教については、これまで詳しく記述してきたが、そのもとをたどると、今から一万年前、アガシャー大王の太陽を神とする信仰が今のエジプト地域を中心として起こり、その後、アモンが出て、再びこれを継承し、つづいてクレオ・パローターにつがれ、アポロンに伝わり、西パキスタンを経て、インドに定着したものである。

アミダの由来はどのようにして起こったか。アミダの語源は、アモン、アーメン、アミーというようにその信仰が各地域に広宣流布されるにしたがって、その発音が逐次変わってきて、インドに来たときにはアミダになっていた。

アモンとは人の名を指しているが、その意味するところはもともと、王とか、神とか、太陽、宇宙神をいい、このため、神を具現した者をアモンと呼んだのである。ちょうど、ゴーダマ・シッタルダをブッタ、あるいはプッタと呼んだのと同じ意味合いである。ブッタとは仏であり、仏とは神の心を具現した人をいうのである。

南無阿弥陀仏（阿弥陀如来）は、古代インド語ではナーモアミーブッターという。ナーモは南無をいい、これは神に帰依する、帰命すると解釈し、アミーは阿弥陀で、アーモンは今から四千数百年前、アフリカで道を説いた偉大な、光の大指導者である。ブッターは仏であり、文字通り悟った人ブッタを指す。古代インド語ではダボーという。これを直訳すると、神仏に帰依する、帰命するということだ。

阿弥陀如来となると、これは前述のようにアーモンを指し、アーモンはその後イスラエルに転生したイエス・キリストのことである。

阿弥陀信仰にはきまって西方浄土が出てくる。西方浄土とはインドからみると西の方角、つまり、アーリア人が西から東に移住してインドに定着し、アモンの神のメッカであるエジプトやイスラエル方面を指していたのである。中国から日本に阿弥陀信仰が伝わると、西方浄土の方角を見失い、西方浄土とはあの世の天国を指すようになったが、実際はそれでもいいわけである。

同じことは唐天竺についてもいえる。仏教がインドから中国に伝わると、仏の在所は天竺という雲の上の極楽を指すようになった。インドに行くには世界の屋根といわれるヒマラヤ山脈がつらなり、容易にインドに渡ることはできない。このため、時とともに唐天竺は雲の上にあると人びとの想像が発展していった。このように仏教にしろ、バラモン教にしても、そのモトは一つであり、その根本の教義は、自然（神）の意志が具現（慈悲、愛）することにあったわけである。それがいつのまにか、形式化されて、やがて、カースト制度を生むことになる。

すなわち、リグ・ヴェーダがインドに定着すると、神官であるバラモン勢力が権勢を占めるに至り、神官、武士、庶民、奴隷の四階級のきびしい階級制度をつくっていったことは、既述した通りである。

これまでの人類の歴史をみてくると、偉大な聖者が現われたときは人びとの心も統一され、調和に満ちた社会の出現となるが、その光が昇天してしまうと、次第に修羅の巷と化し混乱してしまう。人類は、いわば末法と正法のくりかえしのような観を呈している。これはいったいなぜなのだろう。なぜ人類社会はいつになっても救われないのであろうと誰しも疑問をいだく。

その理由の一つとして、人間のカルマが挙げられる。カルマとは業であり、ものに執着する想念と行為による悪循環をいう。このカルマが転生の過程において修正されなければならないのだが、しかし根本的に是正されないかぎり、カルマは輪廻するので個人的、社会的混乱の渦紋はなかなか消え去らないということになる。

もともとカルマというものは、縁にふれ、現われることによって、初めて人はそれに気づき、現われなければ理解もできないし、修正も不可能となる。その現われの形が大きく発展すると末法となり、社会が混乱することになるのである。

さらに、カルマをカルマとして認めず、見過ごしてしまうと、新たなカルマをつくって混乱にいっそうの輪をかけることも起きてくる。

こうして、末法と正法の時代は歴史的には繰り返しの過程の中にあるようであるが、しかし、過去世のカルマがそのままストレートに現われることはない。そのまま現われるとすれば人類はとうの昔に滅びていなければならないし、そういうことはないのである。私たちは現象界と実在界を絶えず往ったり来たりの輪廻をくりかえすが、現象界のカルマは実在界である程度修正され、再びこの地上に生まれ出てくるので、残されたカルマをいかに上手に修正するかが、私たちの課題であり、上手に修正される時代を正法といい、盲目に陥った時代を末法というのである。

末法はこのように心不在の時代を指すが、混乱のもう一つの理由として、人口の増加があげられよう。百年前と今日では四倍近くも人口が増えている。千年前と今日ではこれまたその数は比較できないほど増えていよう。同様にしてこれから五十年後、百年後の人口は、増えることはあっても減ることはないであろう。争いの火種はその大半が思想や生活権の問題であり、そうしてこれは人口問題とは不可分な関係にあるといえよう。限られた領土と食糧、人口が増えれば増えた分だけ、食糧増産しなければならない。衣服や住居も増やさなければならない。利害が反すれば争いはさけられない。利害とは直接的には生活権であり、生活権の歯車は思想であり、政治である。したがってこれらが融合し、解決しないと争いはつきないことになってくる。

正法がこれらの問題に、非常に関係を持つ理由もここにあるわけだが、しかし、こうした問題は時を追って是正されてゆくであろう。とくに、経済問題は人間の目的というより、その目的を果たすための手段であるので、人びとの心がめざめてくれば自ずと解決されるものであるからだ。

しかし経済問題とからんで、人口増加の根底にある問題がまだある。それは魂の過程が人によって異なっており、地上に人口が増えているということは、異なった魂が地上の両親を縁にして新たに誕生していることを意味する。新たな魂は地上の生活経験が浅い。経験が浅ければその生活にほんろうされる度合いもまた強くなるであろう。地球上での生活経験の深いものは、調和の意義を理解するのも早いが、経験の浅い者はその尺度すら不明になりがちである。

個人の一生をふりかえって見てもこのことはいえるであろう。幼年期、少年期は心は純であるが、社会の様子はあまりよくわからない。このため、自己中心的になりやすい。青年、壮年、老年に至って、はじめて人間生活の全貌が理解されてきて、人間とは何かということが把握されてこよう。

人の魂についても、年齢や知識、経験はひとまず脇に置いてみても、理性や知性が発達した人とそうでない人が見受けられよう。これは、魂の転生の過程が異なるためである。いうなれば地上経験の浅い人、深い人ということにもなるであろう。

経済問題や社会問題を通して、社会が調和される。あるいは不調和に陥るということは、右に見た関係と切り離しては考えられないのである。

人口が増え、政治的、経済的、あるいは宗教的紛争の種になってくるのも、こうした人の魂の所在に遠因があるのであり、正法と末法が時計の振り子のように絶えず揺れ動くという歴史的事実もこうしたところに因果関係がみられるといえよう。

しかし、やがて人口増加が頭打ちとなるときがやってこよう。それはそう遠い将来のことではない。近い将来とは人類の長い歴史からみた場合の時間的距離のことであるが、そうした時代に至ると地球上の魂のレベルが総体的に上がり、いわゆるボサツ界という世界が新生するわけである。このことはすでに実在界で計画され、未来図が描かれ、現象界はそれにしたがって進められている。

ボサツ界とはボサツ心を得た者が社会のそれぞれのポストに就き、人びとを調和に導いてゆく世界である。

ブッタが生まれた二千五百余年前、イエスが愛を伝えた二千年前、そうして、今日、正法が伝えられているが、こうした正法の伝道はやがて到来するであろう地上の仏国土をめざした、いわば杭《くい》打ちであり、今の世の人たちは来たるべき地上のボサツ界の先兵として、その役を負わされているといえよう。

正法と末法が繰り返され、そのため、人類は永遠に流浪の旅をつづけるとみるのはこうした意味で、はなはだ近視眼的であり、そんな単純なものではないのである。また、自己矛盾の闘争を通して発展するという弁証法的な考えも誤りである。人間は自然から生まれて自然に帰るのであり、幼い魂といえどもそれは知っていることである。ただ肉体という衣を着ると、肉体に心がふさがれてしまい、物事の是非が不明になってしまうのである。肉体の経験を重ねることによって、肉体のむなしさが次第に鮮明となり、肉体を持ったままで心の偉大さが理解されてくるのである。そうして、心と肉体の関係がより鮮明になると、心と肉体の調和の素晴らしさがわかり、色心不二であることに魂が到達するわけである。

さて話を前に戻して、インドは今日でも熱帯性のモンスーン気候であり、その時期は六月から十月までが雨期であり、十一月から五月にかけて乾期の季節となる。また、乾期は冷涼と暑熱の両期に分けられ、三月から五月にかけてもっとも熱くなる。

雨期のはじまりはところによって異なり、降水量も、地形や風向きでその差が大きいが、ヒマラヤ山系を中心としたネパール、それにインドの北部は降雨量も多い。雨季の期間には多いところで二千ミリ以上も降る。

ブッタが往き来した当時の北インドも降雨量が多く、雨期の季節になると、伝道活動はできなくなってくる。

雨雲がグリドラクターの山を蔽いはじめた。太陽の陽の光が雨雲にさえぎられると、地上は灰色に包まれてくる。風が吹き、周囲の樹木がさわぎ出す。

ブッタは大きな岩を背に禅定をしていた。そして遠く離れているシラバスティーの都に思いを馳せていた。シラバスティーは、カピラバーストの近くである。

すでに述べたが、モンガラナー（大目連）を中心として精舎の建設が進められていた。

ブッタはその後の経過はどんなものであろうかと考えていたわけである。

さきの連絡では、パセナディー・ラージャン（コーサラ国王）を始め、その義兄であるジェーター・ラージャンも多くの資材を提供し、建設工事はどんどん進んでいるということであった。

精舎の東側には東門がつくられ、これはジェーター・ラージャンが寄進したと伝えられた。今、建設されている精舎はカピラより目と鼻の先にあるだけにブッタにとっても懐しくもあり、精舎の建設が順調に行って欲しいと願うのであった。

ブッタは軽く目を閉じ、シラバスティーの都に思いを向けていると、ウパテッサが、ブッタの傍に寄ってきて厚手の僧衣をそっと肩にかけるのだった。

「ブッタ、雨が近づいたようです。今日は山を降り、ベルヴェナー（竹林精舎）にお帰りになられてはと思いますが……」

と、声をかけた。

ブッタは目を開き、前方を見つめたまま、

「遊行に出ている弟子たちも皆、ベルヴェナーに帰っているだろう。日の暮れないうちに引き揚げるとしよう」

と言うと、立ち上がった。

あたりはもう暗い。灰色の雲が天を蔽い今にも雨が落ちてきそうである。

「このつゆ明けにはコーサラ国に旅立つことになろう。同行者の選別を、ウパテッサ、そなたが決定するがよかろう。ちょっと長い旅になるからね」

ブッタは歩きながら、笑顔でうしろを振り返り、語りかけた。

「わかりました。早速、コースタニヤと相談して人選をいたします。その結果またご報告いたします」

「そうして欲しい」

シャーリー・プトラーと名を変えたウパテッサは、ブッタの後にしたがっていたが、ブッタの突然の言葉におどろきながらも、ブッタとならんで歩いているコースタニヤに目をやりながら二人はうなずき合った。

一行が山を降りているうちに雨が落ちてきた。

乾き切った赤土に勢いよく降ってくる強い雨は、大地を砂煙に包んでゆく。

モウモウと立ちのぼる砂煙は目や口や鼻に容赦なく入ってくる。頭布で頭や顔を覆わないと苦しくなる。

しかし、それも一時のことで、あとは土砂降りとなり、今度は足元がすべり、歩行が困難になる。こうした雨は雨季に入ると絶え間なく降りつづけるので、山道は滝となり、道路はたちまちにして川となってしまう。平原地帯はこのため洪水に見舞われ、人や動物を押し流してしまう。乾期のときは何でもない草原でも、雨季になると濁流となるので、この季節はよほど地理に詳しくないと外にも出られない。

ブッタが山から降りてきたときは、まだそれほどひどい雨にはならなかったが、それでも、大粒の雨は三人の頭や肩に容赦なく落ちてきた。

竹林精舎への道のりはすでに決まっているので、雨の影響はそれほどない。

「三カ月ぶりに会うヤサは、パラナッシーの都から帰ってくると連絡があったが、もうベルヴェナーについているだろうか」

「ブッタ、ヤサもたしかに帰っているはずです。わたしのところにヤサの弟子たちから連絡がありました。パラナッシーに遊行に出ている者たちはすでに到着しておりますが、ヤサは二、三日遅れて帰るとのことでした。今日か明日あたりにベルヴェナーに帰ってくることでしょう」

コースタニヤがやさしくこう答えた。

クシャトリヤのときのコースタニヤの眼光は鋭く、体格もガッシリしていた。みるからにただものでないという感じを与えたが、その彼も今ではすっかり修行者の安らぎを得て、人相から言葉使いまで変わってしまった。

法は我が道、この道以外に我が道はなしと弟子たちに説いているうちに、和やかなコースタニヤになっていた。

心が変われば人も変わるとはよくいったものである。心こそ、諸相の根因である。ブッタとともに十二年の歳月を伴にした修行の成果なのであろう。

ブッタの弟子の一人、バラダニヤはブッタよりひと足先にベルヴェナーに帰っていた。そして、ブッタの帰還を留守中の弟子たちに告げてまわっていた。

修行から帰る者、留守中の者、みんな精舎の外に出てブッタを迎えるのだった。黄色の僧衣の群が、精舎わきに並ぶようにしてひざまずいた。

ブッタは遠くからその姿をじっとみつめながら、竹林の道を通り、みなの前に姿を現わした。

「みんなご苦労さま。雨に当たらぬよう中に入りなさい。さあみんな、立って精舎に入るがよかろう」

一人一人、いたわるように言いながら、ブッタは精舎に入った。弟子たちも後についで中に入った。

ブッタの汚れた足をアサジが洗うと、彼は先に立ってブッタの座に案内した。弟子たちも次々と整列し、ブッタの前に座を占めた。

雨足は一段と激しくなった。精舎の屋根を音をたてて降りそそいでいる。精舎ができる以前は、ブッタも弟子たちも、雨露をしのぐ場所といったら岩陰の洞穴しかなかった。洞穴は小さく、したがって、みんなてんでんばらばらに居を構えた。

このため雨期になると、ブッタから直接法を聴く機会は、途切れる者も出るほどであった。

しかし、今はもうそんなことはなかった。三宝に帰依し、道に迷うことがあれば、雨が降ろうが降るまいが、ブッタの法を聴くことができた。

　自然の環境は人間にとってたしかに厳しいものである。が、その環境を正しく整備し、自然との調和をはかれば、人間は自然の慈悲を全身をもって受けることができようし、自然の真意も理解することができるだろう。雨露をしのぐ家もなく、その場その場の生活では、人間らしい自然との調和さえ期しがたい。鳥やけものとちがって、人間にはものを創造する自由が与えられているので、その創造力を駆使し、衣・食・住を基本として、自然との調和をはからなければならない。

「遊行中に病気になったり、毒蛇にかまれたり、怪我をした者はいなかったか」

　ブッタは弟子たちを見回しながら優しくたずねた。

　千数百人のサロモン（修行僧）たちは、互いに顔を見合わせながら、ブッタの血色のよい顔色を望み、皆元気ですごしたことを告げた。全員無事のようであった。

「みんなも長い遊行の旅をし、さぞ疲れたであろう。つもる話もつきないであろうが、今日はゆっくりと体を休めて欲しい。

　健全なる肉体と健全なる心の調和こそ、法の根本である。遊行中におけるそれぞれの体験や疑問については、この雨季の期間に、しっかりと自分の心の糧とし、より広い心、慈愛に富んだ自分を完成してほしい。

明日からは、あらゆる疑問について答えてゆくことにしよう。

では、今日はこれまで。ゆっくり休養して欲しい」

大広間は灯明によって明るく照らされていた。

ブッタの顔も、その灯明の明りで、くっきりと映し出されていたが、それにも増して、ブッタの体から柔らかい黄金色の後光がみえており、そのため、ブッタが一段と明るく見えた。サロモンたちは自然に合掌するのだった。

三　精舎内の説法

精舎内はブッタの大きな光明に包まれ、生き生きとした気がみなぎっていた。

千数百人のサロモンたちは、ブッタに合掌し、室内は寂として咳払いひとつたたない。

「ウパテッサ、コースタニヤ、ピパリ・ヤナー、そなたたちは各組の責任者を集めて明日からの行動予定を組み、この雨季の期間中に各地の責任者を決定して欲しい。その打ちあわせをし、今日は全員休養をとらせなさい」

ブッタはこう言うと、スックと立ち上がり、自室に戻って行った。

ウパテッサをはじめそれぞれの指導者はブッタの指示にもとづき、おもだった者を除いて各部屋に散会して行った。

食事の世話、部屋の掃除、洗濯をする者、ベルヴェナーの生活はサロモンたちの自発的な行為によって動いていた。別にこれといって当番が決められていたわけではなかった。十人、二十人と人が集まるにつれて、私は食事係りを、私は掃除当番を、というぐあいに、しごく自然な形でそれぞれの世話係ができ上がっていった。新参だから厠《かわや》の掃除をする、下足番をひきうける、というものではなかった。だから古参者でも手があいていると部屋のふき掃除をやったり、食事の世話までやってしまう。

ここが他の教団に見られぬ釈迦教団の特色であり、生活だった。ブッタは人間の自由を尊重し、その自由を戒律や制度などでしばると、人の心はそれにしばられ、仏の心を知る機会を失う場合が多い。ブッタはこのことを自らの経験によって悟っていたし、形式に流れることを極度に恐れ、自重していた。

サロモンたちの自発的な行為を待つことによって、各人の創意と工夫、人間平等ということを、無言のうちに教えていた。

外の雨は一段と激しくなった。ゴウゴウと音を立てて降りしきる大粒の雨は精舎を取り巻き、分厚い水の壁が視界をさえぎってしまった。道は川となり、激流となって流れ始めている。まるで生き物のように踊り狂う。壮観というか、恐ろしいというか、自然の猛威の前には、人も、動物も、植物も、ただひっそりと時の流れに身をゆだねるしかなかった。

自室に戻ったブッタは、激しく降る雨に耳を傾けながら、まだ精舎に帰らぬヤサ一行を案じながら横になった。

朝方、目をさましたブッタは、昨夜から降り続いている雨音に心を奪われることなく、禅定三昧に入った。

三昧に入ると、屋根に当たる雨の音が一定のリズムをもって聞こえ、心の安らぎを覚えてくる。天女のかなでる音楽のようであった。

ブッタはその音楽に耳を傾けた。快いそのハーモニーは、修行中の洞穴で聴いたあの旋律に似ていた。あの洞穴のときも雨季のさなかであった。体はやせ細り、前途に光明を失い、不安と暗たんとした気持であったが、禅定に入ると決まって、あの激しい雨の音が、天界の音楽のように、シッタルダーの心に安らぎと光を与えてくれた。

物の眼で見る激しい雨は、怒り狂う野獣のように思えてくるが、心の耳で聴く雨の旋律は、天界の音楽であった。

雨も降らず乾季が続けば草木は枯れ、地上の生物は死に絶えてしまうだろう。激しい雨は動物や植物を押し流してしまうほどであるが、その一滴の水の躍動によって、地上の楽園が約束されているのである。人は、もののうらにかくされた真実こそ、理解する必要があるであろう。

ブッタは天界の音楽に耳を傾けながら、思わず微笑するのだった。

部屋の戸をたたく者がいる。

「どうぞ、お入り」

ブッタは目を閉じたまま、返事をした。

戸が開いて入って来たのはアサジであった。

「おお、アサジか、昨夜はよく眠れたか……」

「はい、ブッタ。しばらくぶりに星の見えない屋根つきの家で眠ったせいか、すっかり寝すごしてしまいました。カピラバーストでの生活と違い、平和な心で毎日をすごすことができ、楽しくてしかたありません。ブッタ、ありがとうございます」

十二年前のアサジはカピラ城警備のクシャトリヤであった。体力も武術もすぐれていた。

彼は城内に入ってくる商人や雑役夫などを監視し、他国から侵入するスパイやゲリラの警戒の任に当たっていた。したがって、自然に目が鋭くなり、心もそうした神経で張りつめていた。

ところが、今の彼の生活には敵はなかった。外見を飾ることも、人前をつくろうこともなかった。ありのままの彼がそこにいるという感じである。生まれたての素直な赤子が、そこに立っているという感じである。

「アサジよ、思念と行為を正した生活は、人生の価値観を変え、より豊かな心にしてくれるものだ。一切の苦悩の原因をつくらないから、心の中は安らぎに満たされ、光明に輝くようになってくる。光明は前途を照らし、修行の喜びが生活の中に溶けこみ、一日一日が充実されてゆくだろう。

法は実践の中にこそ生きており、それによって心に法灯がともされ、永遠の生命を私たちに感得させてくれる。

心に法灯のない者は、そのまちがった思念と行為によって、苦悩の生活を送ってしまう。

ブッタ・サンガー（僧伽）の目的は、物を物としか見れない誤った価値観に呻吟する人びとを救済することにある。多くの衆生に、心の糧を与えることにある。そうして、その光明は、あの太陽のように、誰彼のわけへだてなく与えるものでなくてはならないのだ。

法灯を心に灯し、自己満足に陥ってはならない」

アサジはブッタの前にひざまずき、深くうなずいた。

「ブッタ、太陽のようにわけへだてなく、迷える人びとの心に、安らぎと法灯を灯してゆきます。

　私は自分だけの安らぎに浸っていたようです。雨季の間に、より自己の完成に精進いたします」

　と言い、ブッタの言葉をかみしめるのだった。

「ところでブッタ、ヤサとモンガラナーら、一部の者たちを除いて、全員、会場に集合しております。ブッタの説法をお待ちしています。よろしくお願いいたします」

「ヤサはまだ来ぬか……」

と、言いながらブッタは立ち上がり、会場に足を運んだ。

　ブッタの部屋と会場との間は渡し廊下になっている。降りしきる雨は、その廊下に吹き込み、廊下を濡らしていたが、ブッタの通るところだけはかわいていた。

　アサジは、ブッタに気を使いながら後に続いた。

　ブッタの姿を見た会場のサロモンたちは、当時のインドの最高の礼をもって迎えた。

　ブッタは、サロモン、サマナー（修行者）たちの姿をジッと見ながら、遊行中の心の調和度を心眼で確かめた。

やがてブッタは軽くうなずくと、腰をおろした。

「サロモンたちよ、顔を上げなさい」

会場の最前列には、ピパリ・ヤナー、ウルヴェラ・カシャパー兄弟、ティシャバ、ウパテッサ、コースタニヤ、アサジ、ドータカ、パッティーヤーたちがならんでいる。心の調和度によって一人一人の頭上には光明が輝いている。また、体全体が光明に包まれていた。

後方に座すサロモンたちの頭の周囲にも淡い光明が輝き、会場全体が荘厳な雰囲気をつくっていた。

ブッタの後方は、幾人かの、光明に包まれたバフラマン（梵天）の光と、ブッタの後光とが重なり合い、一段と明るさが目立った。昨日と同じように、サロモンたちは、このまばゆいほどの光に、合掌するのだった。

「法を頼りとした遊行によって、調和された生活を送るサロモンたちに接し、わたしは本当に生きがいを感じる。ますます、正道に励んで欲しい。

だが、この中には、旧来の厳しい肉体行を捨てがたく、法を頭だけで理解し、心の実体を忘れ、真の安らぎを得ることなく、心に、重荷を持ったまま、苦悩している者もいる。

わたしの説く法は、人の道である。その法を、そなたたちの思うこと行なうことの中に実践したときに、心の曇りは晴れ、仏の慈悲による光明が真の安らぎとなり、心の世界を調和させてゆく。

そなたたちのアートマン（自我）の中には、善なる我と、偽りの我が存在している。一切の苦悩は偽りの我によってつくり出されている。

この偽りの我は、一見、自己の欲望を満たしてくれるかのようにみえるが、じつは、大きな執着の荷物となって、苦悩をつくっているのである。

苦悩の原因、苦悩の根を除かないかぎり、人生の苦悩からのがれることはできない。

そのためには、自己保存の欲望をつくり出している偽りの我を支配し、自分に嘘のつけない善我なる仏性に目覚めることである。

サロモンたちよ。雨に打たれている草木を見よ、まっすぐにのびている竹をよく見ることだ。彼らは自然の風雨によく耐えて、その中で立派に成長している。それは自然にさからわないからである。同時に、草木は、しっかりとした根を地中深く張っているので、どんな風雨にも耐えられるのだ。

それればかりか、彼らは、互いに譲り合い、助け合って生きている。この事実を、しっかりと見ることである。

そなたたちも、法を悟って生活したならば、五官煩悩にふりまわされず、いかなる諸現象も正しく理解し、心の中に苦悩の毒をつくり出すことはないであろう。

不調和ないかなる物を見ようと、聞こうとも、法に照らして思念すれば、心を動かすことも、不調和な行動に流されることもなくなるであろう。

不退転の心は、法の実践によってつくり出されてゆくことを知るがよかろう」

ブッタの説法は、今、体験しつつあるサロモンたちの心の中に、しっかりと根をおろしてゆくのだった。

ブッタの説法はなおも続いた。

「そのためには、生活の規準は、五官ではなく、心に中心をおくことである。

すべてのものは、心が根本であり、不調和な中道から外れた心の状態で物を言ったり、生活を続けてゆくと、常に苦しみと同居し、苦悩という荷物を肩からおろすことができない。

そのような人生は、坂道を重い荷物を背負って上るようなものである。

しかし、中道の心がわかり、善我の心でものを思い、生活をしてゆくと、心の中は安らぎ、その喜びは自分と一体となり、自分の影が自分から離れないように、光と一体となり、光明の生活となる。

また、そなたたちは、他人から暴力をふるわれたり、ののしられたり、うらまれたりすると、その言動にとらわれ、心はイライラし、怒りをいだいてしまうが、これでは怒りから、いつまでも解放されることはない。

許すことも慈悲であり、怒りから解放される仏の光である。怒りの原因をよく知って、心の中に怒りの毒を食べてはならない。

怒りは怒りによって報いるものではない。そうしたところで、心の中の怒りは決して消えるものではない。

外は、今、しきりと雨が降っている。もし、この家の屋根のふき方が悪かったとしたら、雨漏りがして、家の用をなさないことになる。

それと同じように、法をよく修めないと、心にむさぼりが生じてきて、堕落の道におちて行くことになる。

智慧ある者は、煩悩の炎に心を燃やすことなく、法を柱に生きてゆくだろう。

勇気と努力、そして智慧によって、心の中の偽りの我を支配し、善我なる己に嘘のつけない正しい心を持って生活したならば、やがて、輝かしい悟りの境地に到達することができるであろう。

人間は足ることを知ったとき、偉大なる財宝を手に入れることができよう。

偉大なる財宝とは、そなたたちが転生の過程において体験した人生の智慧であり、安らぎの泉である。その扉を開くことである。一切の迷妄が、その扉を開くことによって、明らかにされる。

人はそのとき、ゆるぎない永遠の生命を悟り、眼前に映る現象、物質は無常であり、その無常の姿は、永遠の生命を運んでくれる綾なす糸のようなものだと悟ることができよう。

欲望にほんろうされる生活を厭い、正しき道を歩もうとする者は、やがては、智慧ある財宝の扉を開き、悟りの境地に至ることであろう。

弓をつくる者は、同時にまっすぐな矢をこしらえる。弓と矢はこうしてはじめて、その力を発揮するが、そなたたちの生活も、心をまっすぐに正してこそ、はじめて、確立することができる。

だが、人の心は常に欲望を満たそうとする。調和の心を維持することは非常にむずかしいものである。しかし、むずかしいからといって、怒りや、むさぼりに心を許したならば、心はいつまでも安らぎを得ることはできない。

美辞麗句をならべ、実行の伴わない者は、色あせた香りのない花に似ている。蜜のない色あせた花には、蝶も、蜜蜂も寄りつかぬであろう。花はいきいきと咲いてこそ、蝶も蜜蜂も寄ってきて、ともに生き長らえることができる。実行こそが、その人を生かし、その周囲を明るく栄えさせるものである。

そなたたちは、己の美しい丸い心を輝かせることによって、人びとに法の灯を与えることである。

ウパラー（蓮の華）や、ヤンダン、タガラー、バシキッのような花は美しく香りもゆたかであるが、法の香りはもっと素晴らしく、気高く、崇高なものである。そうした香りを発散させる自分をつくって欲しい。

遊行中に寝苦しい夜を迎えた体験者もあることであろう。眠れぬ夜は長く感じるものだ。

また、それと同じように、彼岸に渡り切っていない人びとにとっては、その毎日は、険しい山道を登るように苦しく感じられるものである。正しい法を知らない者は、盲目の人生を歩いているので、苦悩と迷いを長く感ずるものなのである。

遊行の道を歩む者は、自分より優れた者か、あるいは同等の者たちと行くがよかろう。なぜならば、悪友とともにあると、そなたたちの心まで荒らされ、不調和な道を歩むことになりやすいからである。悪友は、猛獣よりも恐ろしいことを知らなくてはならない。

野にいる猛獣はそなたたちの肉体を滅ぼしてしまうかもしれないが、しかし、心まで滅ぼすことはできない。だが、悪友は、その大事な心まで毒してしまう。注意すべきは悪友であり、悪友にこそ正しく接しなければならない」

ブッタの説法に聞き入っている修行者たちは、ブッタのこの言葉に、隣りあわせた友人の顔を見合わせ、互いにうなずき合うのだった。

壇上のブッタは、この様子を見て、思わず微笑を浮かべた。

外の雨は相も変わらず降り続いている。時には激しく、時には霧のような雨になるが、ブッタの説法が一息つくと、雨はまた一段と激しく降り始めた。

会場のうしろの方で何人かの者たちが、あいさつをしている。

よく見ると、雨に濡れたヤサの姿がブッタの眼に映った。

「おお、ヤサ、帰って来たか」

律義なヤサは、頭と顔をふくと、そのままの姿でブッタの前に進み出、深く一礼すると、

「ブッタ、しばらくでございます。無事、弟子たちとともに参上いたしました。ブッタのお元気な姿を拝し、ただうれしく存じます……」

ヤサは、うれしさのあまり、涙と雨で濡れた顔をくしゃくしゃにさせた。

「よく帰ってきた。さあ、僧衣を取り替えなさい。そなたたちもご苦労であった」

ブッタは、ヤサと同行した弟子たちにも、その労をねぎらった。

「カパリーのバラモンたちも、ブッタに帰依なさいましたか。ババリー様も、さぞおよろこびのことでしょう。本当にありがとうございました」

ヤサは、深々と頭を下げると、ブッタに礼を述べた。

ブッタの説法を聞いていた多くの弟子たちは、この激しい雨の中を無事に帰還したヤサの一行を心から迎えた。

ヤサは、今まで、カッシー国のパラナッシーを中心として、多くの在家の衆生やバラモンの修行者たちに、ブッタの法を伝え、多くの人びとを導いていたのであった。

一行は、アサジの部屋で僧衣を着替えると、さっぱりした姿で会場に戻り、腰をおろした。

ブッタは、再び説法をつづけた。

「どんなにかわいい我が子であっても、最愛の妻であっても、そしてまた、恵まれた財産を持っていようとも、足ることを忘れ、欲望のままにその身が流されると、苦しみはつきることはない。

この肉体は、自分のものであって自分のものではない。時が経てば、この地上に置いてゆくしかないのである。いわんや、かわいい子どもも、最愛の妻も、ともに自分の所有物ではなく、財産もまた自分のものではない。

すべて、これらは転生の過程において、縁によって生じたものであって、それぞれの縁生には、それぞれの使命と目的があることを知らなくてはならないだろう。

永遠の所有物とは、そなたたちの生命であり、心である。これ以外に何一つとして、所有物はない。

自分のかわいい子どもとはいっても、成長するにしたがって、親の考えと異なってくる。当然である。子どもは子どもの個性を持っており、魂は親と異なるからである。

しかし、両親は、子どもを育てるためには、あたかも、太陽のように無償の慈愛によって育てて行くだろう。子どもは、生み育ててくれた偉大な両親の慈悲と愛に感謝しなければならない。そこにまた、人の道というものがあるわけであり、それは、生きて行く者の務めというべきであろう。

感謝の心は報恩の行為となって実を結ぶ。孝養は、子どもとしての当然の行為であり、それが失われると、人の世は瓦解するしかないであろう。

社会の中に自分を置いている以上は、より良い社会の調和に奉仕してこそ、法が実践されたことになり、仏国土の道が開かれてゆくことになる。

社会は自己の欲望を満たすための場ではないことを、悟らなくてはならないだろう。万生万物は相互の助け合いによって調和が保たれ、それによって平和と安らぎが生まれてくる。

智慧ある者は、知識の限界をよく知っている。愚かな者ほど、知識に酔い、自分を高く見せようとする。

バラモンの修行者の中には、ヴェーダやウパニシャードの聖典に通じ、知識は豊かであるが、実践がないので、知識の枠から一歩も外に出ることができず、聖典をもて遊ぶ者が多い。哀れというほかはない。

真の智慧は、心の中から湧き出ずるパニャー・パラミタ（内在された偉大なる智慧）の境地から生まれてくる。それは、人からの借り物のような知識からは、決して生じてはこない。

法の実践によって得た安らぎ、感謝、調和の心から湧きでるものである。そなたたちは、知識におぼれてはいけない。知識の枠をいくら広げたからといって、心が豊かになるものではない。むしろ、その反対に、迷いと、不安と、混乱を増すだけである。知識は智慧から生じた現象であって、智慧そのものではないのだ」

ブッタの説法は一段と気迫に満ち、核心にふれてゆくのであった。

会場は深と静まり、光のひびきだけがあたりの空気をふるわせていた。

ブッタの説法はなおもつづく。

「智慧の湧現は法の実践にある。心の中につくり出された不調和な曇りを除かない限り、無明はいつになっても晴れることはないであろう。

曇りを除くには、法の物差しにより思念と行為をふりかえり、その間違いを修正することが最も大事である。つまり、反省である。そうして、心の中に曇りをつくらないように、常に正道を歩まなくてはならない。

正道を歩むとは、煩悩の偽我を支配することである。

そなたたちの心の中に本来ある、己に嘘のつけない善我なる心で修行することが、正道を歩む修行者といえよう。

心を外に向けると、遊興な生活におちこむことになる。そこには千仞の谷が待ち構え、苦悩しか与えないだろう。

悪業は、即座に報いとなって現われることはないが、しかし、山中で焚火をたいた後の灰にかくれた火種のように、風によって、いつ山野を焼きつくしてしまうかしれないものだ。

また、愚かな者たちは、常に地位や名誉の欲望に苦しみ、物質、財宝、情欲への執着心のため、自らを苦しめている。サロモンは名聞に耳を傾けてはなるまい。利他の行為を忘れることなく、自己保存の欲望を捨て、常に安らぎの生活の中に住すべきである。

法の水を飲んだものたちは、心が洗われているから、物にこだわることがなく、平和で安らいでいよう。

グリドラクターの岩場を見よ。

あの岩場はどんな風にもゆらぐことはないであろう。自然の中に安住しているので、物に動かされることがないからだ。

修行者もこれと同じように、そしりや怒り、あるいはほめられても心を動かしてはならないのだ。一方に心がゆれると、もう一方にも心が働いてくるからである。

いかなる言動にたいしても、正しく見、正しく思い、正しく語り、正しく仕事を為し、正しく生活し、正しく道に精進し、正しく念じ、そうして、常に反省を怠ることなく、心を丸く豊かに保ち、禅定を楽しまなくてはならない。

楽に溺れる欲望を捨て、いかなる苦難にあっても、その原因を究明し、原因の根をのぞき、心の中に法灯を燃やしつづけなければなるまい。

しかし、そうした中にあっても、悟りの彼岸に到達する者は少なく、無常な物質世界に執着し、さまようことのなんと多いことか。

そなたたちは転生の過程で学んだ偉大な智慧によって、すべての欲望に足ることを悟り、人と争うことなく、あの大空のように、青く澄んだ、広い心でいなければならない。生死の輪廻からは、足ることを知った心によって解脱できよう。

修行者よ、百万巻の書物より、安らぎの一言の方がすぐれていることを知らなくてはならない。真の救いは言葉ではない。知識でもない。慈悲心にあるからである。

また、心の中の偽我にうち克つことは、戦場で百万の敵に勝つより、すぐれた勝利者であることを銘記すべきである。なぜなら、大きな堤も蟻の一穴によって崩壊するであろうし、心の苦悩は、心をいやすことによってしか得られないからだ。

智慧ある者は、まずこの世の業火から急いで逃げ出さなくてはならない。この世は、怒りと愚痴に満ち、足ることを知らぬ欲望が渦をまいているからだ。そなたたちの心がこの業火に見舞われ、火の粉を浴びると、迷いと苦しみをうけよう。

善なる心こそ、そなたたちの主である。その主は永遠にして不滅の自己だ。その自己を失わぬためにも業火から離れることだ。

安らぎと調和は真に自己を愛する者によって得られよう。自己の喜びは他にも転化しよう。

つまり、自己を愛する者は、他を愛することもできるのだ。

まず、自分自身を修めなくてはならない。法を依りどころとして、自己を確立することだ。

業火に見舞われても、その火を消し去るだけの自分をつくることが先決なのだ。

遊行に出て、法の種を蒔いても、心の開拓がおろそかになっていては、あたかも粗悪な大地に種を蒔くのに似て、収穫は実り少ないものとなろう。

智慧、努力、勇気――。

これこそが自己を確立し、人びとを迷いの淵から彼岸に至らせる唯一のあり方なのだ。人をアテにしてはならない。

人のせいにしてはならない。

善・悪いずれの結果が現われようとも、その一切は自らの心と行ないがつくり出したものであり、他人のせいではないことを悟らなくてはならないだろう。

そなたたちの修行の目的は、自らに克つことであり、他人に勝つことではない」

ブッタはここまで語ると、ひと息ついた。そして、一堂をゆっくりと見回した。

神理の種は、サロモンの心にまかれ、すでに心の中に芽を出している者もいた。また、その言葉の意味を考え、まだ、よくのみ込めぬ者もいた。

会場は、ブッタの次の言葉を待つように、深い静けさに包まれていた。ブッタの説法中は外の激しい雨音はあまり聞こえなかったが、説法をやめると、竹藪に落ちる雨がいちだんと冴えて聞こえてくる。

外は風を伴い、荒れ狂っていた。しかし、会場は静寂そのものであった。

その明暗は、外は地獄であり、会場は天界の浄土のようだった。

また、荒れ狂う外界の中にありながら、竹林精舎の会場は波一つ立たぬ解脱の心境に似ていた。まるで、ブッタを見るようであり、サロモンの中には、この心こそ法であると悟る者もいた。

しばらくして、ブッタは遊行について語り出した。

「モンガラナーの報告によると、シラバスティーの精舎も、この雨季があければ完成のようである。

雨季あけは、遊行をしながら、シラバスティーの都に行くことになろう。

それについて、老齢なるウルヴェラ・カシャパー兄弟とその弟子の数十人は、このべルヴェナーに残留し修行をつづけて欲しい」

「はい、わかりました。わたしたちは老いているため、シラバスティーへの旅はできないものと思います。

ご慈悲あるお言葉にしたがい、禅定三昧をつづけ、心をみがかせてもらいます」

三人のカシャパーは、自分たちがもっと若ければ、皆と行をともにできたのだがと、心の中で思っていた。

長老格のウルヴェラ・カシャパーがブッタの前に進み出た。そして、最高の礼をもってブッタを拝すると、

「ブッタのお留守をお守りいたします」

と、言った。

「残留する数十人の若い修行者は、そなたたち兄弟で決定するがよかろう」

「はい、かしこまりました。では、もっとも新しいサロモンたちの中から選ばせていただきます」

カシャパー兄弟は、ガヤダナの大仙人であった。アグニーの神を祭り、大護摩を焚いていた拝火教の教祖たちであったが、今ではその面影すらなかった。噂は聞いていても、この兄弟があの拝火教の教祖だったのかと思うほど、調和と安らぎに満たされていた。

「では、カシャパーに指名された修行者をのぞいて、他の者は全員、コーサラ国の都に

のぼることにする。

この雨季のうちに心を正し、長旅に耐えるよう体をつくっておくように。

ピパリ・ヤナー、ウパテッサ、アサジ、バッティーヤー、ヤサ、バドリカ、コースタニヤは、私の部屋に集まりなさい」

ブッタは、指導者たちを集めて、遊行の組合せを行なった。

そして、遊行中の責任者をそれぞれ定め、修行の方法を、それぞれの指導者に詳しく指示するのであった。

多くの弟子たちは、まだ見ぬシラバスティーの精舎に早くも夢を託していた。

修行者の国境越えには、どこの国も寛容だった。

だから、雨季がすぎれば、いつでも出立できた。

打ち合せはこまごまとつづいた。

あれから十数日がまたたくまに過ぎた。

外の雨は小降りとなり、シラバスティーからの便りが届いた。

ブッタは自室で禅定をしていたが、禅定を解くと、シャーリー・プトラーが使者をつれて部屋に入ってきた。

使者は、アナタ・ピンデカの使いであった。

「ブッタ、わたしはアナタ・ピンデカの使い人、ウダヤでございます。シラバスティーの精舎を完成いたしまして、ブッタのご来駕をお待ちいたしておるものです。また、コーサラ国のパセナティー・ラージャンも、ブッタを心待ちにしております。ご日程をご指示ください」

「ウダヤ、遠路の使い、ご苦労であった。旅立ちは二カ月ぐらい先になろう。説法をしながら旅をするために、はっきりした日程は、いずれ定めてから連絡しよう」

「はい、わかりました。では、精舎の配置をご説明いたします」

と、彼は言うと、ブッタの前に絹布に書いた精舎の配置図をひらいた。

「東の門は、土地を喜捨しましたジェーター王子が、立派な門を築かれました。ブッタをお迎えするのにふさわしいものと、皆が申しておりました。

東西南北に修行者たちの宿泊所があり、ブッタのお部屋は東南につくられてございます。

中央には、説法をなされる殿堂の大広間があり、東には倉庫がございます」

ブッタは絵図面を見ながら、その説明を聞き、

「うん、これはなかなか立派なものだ」

と言い、うなずいてみせた。

ブッタの心も、はやシラバスティーの都に飛んでいた。

「ところでブッタ、この精舎の名前を何とつけたらよろしゅうございましょうか。アナタ・ピンデカ様からのお申し出でございます」

「そうだな。都の名がいいか、それとも……」

ブッタもとっさには適当な名がうかばず、腕組みをして考えこんだ。

暫くしてから、

「どうだろう。ジェーター王子の名をとって、ジェーター・ベナーという名前にしては……」

「はあー、それはありがとうございます。結構でございます」

ということで決まった。

ブッタは、脇に座っているシャーリー・プトラーの顔を見た。シャーリー・プトラーもにっこり笑って、ブッタのつけられた名を、心の中で繰り返していた。

「ウダヤよ、さぞ、長い旅で疲れたであろう。今日は当地に泊り、ゆっくりくつろがれたらよかろう。そなたたちの生活とは程遠いものがあろうが、休養だけはとれるであろう」

「ブッタ、ありがとうございます。実はわたしの妹がラジャグリハに住んでおります。失礼になっては申し訳ないと思い、そちらで泊ることになっております」

「スダッタ（アナタ・ピンデカ）は、そなたにそのようなことはいわなかったはずだ。遠慮はいらぬ。明日、ラジャグリハの町に行けばよかろう」

「はい、主人も、使いに行く以上、ブッタの法を一つでも自分の心の糧にせよと、申しておりましたが……」

「そうであろう。なのに遠慮をするところをみると、粗食は口にあわぬかな……」

ブッタは遠慮深いウダヤの顔をのぞきながら口をあけて笑った。

「とんでもございません。お使いに来ただけでも幸福なのです」

ウダヤは、ブッタは厳しい人であると想像していた。が、実際に、こうして会ってみると、思いやりのある、優しい心遣いをされ、冗談も言われるので、どうも勝手がちがうと思い、さてどうしたものかと、迷ってしまった。

「ウパテッサ、弟子たちにウダヤを宿舎に案内させなさい……」

「わかりました」

ウパテッサは一礼すると、ウダヤを伴ってブッタの部屋を出た。

そうして、まず、ウダヤに野菜の入った粥を食べてもらった。彼は、うまい、うまい、と言って何度かお代わりした。

精舎内を案内しながら、ウパテッサはブッタの教えについて詳しく話をした。

ウダヤは夜のふけるのも忘れ、ウパテッサの話に耳をかたむけた。

ウダヤは、翌日、ブッタの説法を聴いた。その翌日も聴いた。結局、ウダヤは三日間、精舎にとどまった。

この三日間で、今まで自分でも気付かなかった愚かさに気づき、反省の機会をつかむことができた。

彼は、ブッタに深く感謝すると、三日後になってはじめてベルヴェナーを後にした。

四　シラバスティーへの旅

ウパテッサを始めとしたピパリ・ヤナーなど、三十六人を長とした組編成が組まれ、シラバスティーまでの遊行日程が立てられた。宿泊は林や森である。旅館などという気のきいたものはなく、民家に泊ることもなかった。

組編成が多いために、日程によっては遊行場所がかち合う場合も出てくるが、そこは綿密に計画をたて、かちあわないようそれぞれ別行動をとることになった。

ブッタ・サンガーの人びとは、遊行の日程を決めるに当たって宿泊の労を考えることがなかったので、その点は至極楽だった。

食べ物は乞食生活が主であり、物を持つことも必要なかった。行く先々で、その風土に合った食べ物が布施され、栄養の点でも、片寄ったり、失調することはまずなかった。

僧侶にとって、当時のインド社会では、ある意味では天国に近い優遇をうけていたといえるかもしれない。

こうした社会背景をなしていたので、バラモン種の家系は聖職者として人びとから迎えられ、宗派は乱立していたが、伝統と因習に守られ、バラモン教の勢力は当時のインドを圧倒していた。

バラモンの家庭ではすでに述べたように、幼少の頃から聖職者の教育が始められた。幼少時はシャミーと呼ばれ、十二、三歳になるとヴェーダや聖典を長老たちから学び、集団生活を体験する。

この生活が終ると、家庭生活が始まり、子どもを生み、育てると、四十代で森や林に入り、サマナーの修行期を迎える。

この修行期には、ある者はヨガの肉体行に専心したり、拝火教のアグニーの神に仕え、さまざまな行にうち込む者も出てくる。

町や村の祭事の際は、山から降りて来て、伝統の祭事を司どり、家庭に戻る者もあった。

また、サマナーの時期は、夫婦で修行に入る者も多かった。

夫婦生活はどうかというと、建前としては、この時期は、夫婦というより、一個の人間としての修行期に当たるので、一切の交渉を絶つことになっていた。

サマナーの段階では、食を乞う遊行は禁止されている。だから、ある集団に入って自分を磨くか、家から食べ物を運び、修行するというかなり面倒な条件がつくのが、この期間の修行でもあった。

サロモンはバラモン種の最終の修行期に当たり、年齢的には六十代以上であり、本格的な遊行となる。

乞食から、自分の身のまわりの処理に至るまで、すべて一人でなし、社会生活と隔絶した生活に入るが、ブッタ在世中の頃のそれは、誰も彼もそうしたわけではなく、町や村の長老として、祭事の主催をしたり、王宮に出入りして、聖典を教える教育者となる者もいた。

また、こうした長老の教えをうけることによっては知識が豊富となり、人生経験を居ながらにして理解することができたのである。

サロモンが民家の軒先に立つと、すすんで彼らは布施をしてくれた。朝夕に食を与えることは、神に対する大いなる功徳とされ、そうした布施は永遠の安楽につながると教えられていたからであった。

バラモンの伝統は古く、遠く西の方から伝わってきたものだが、その修行の目的は、アポロキティー・シュバラー（観自在の能力）であった。

偉大な霊能力を持ち、衆生を導くということがその目的である。

当時は今日のような科学文明は未発達であり、また、自然の厳しい条件下の生活であったので、自然と人間との深い交わりを通して、その厳しい条件下から解放されることが主たる目的であったともいえるだろう。

神に祈り、神の力を借りる、あるいは神そのものとなり、きびしい自然的条件を克服する。

人びとの心は、すべて、ここに向けられた。

しかし、既述したように、知識だけの悟りではアポロキティー・シュバラーの境地に到達することは不可能であった。

そのために、アグニーや、ヤクシャー、マゴラ、キンナラ、ナガーなどを信じ、いたずらに、霊力のみを追う邪道に走る者があったのである。

ブッタは、いたずらに霊力のみを求める指導法はとらなかった。

心の安定は、アポロキティー・シュバラーに至って、はじめて、その目的が達せられるが、しかし、そこに至るには長い時間と修行の過程を通らなければならない。しかも修行の道は果てしなくつづくものであり、これでよいとする終わりはないので、八正道という法に照らした生活をすることが、心を安定させる、調和を崩さないための基礎である、としたのである。

肉体は魂の乗り舟にはちがいないが、しかし、これをおろそかにしては、人間生活は期しがたい。

色心は不二という中道の目的は、心と肉体の調和にあるわけであるから、生活を離れた心などというものはあろうはずがない。

きびしい自然的条件を克服するには、その条件をかえてゆくことである。人びとの努力と智慧を加えて整備してゆくことである。

だが、当時は、そうした条件は神の条件としてストレートに受け入れられ、したがって、その条件を超えるには、肉体を離れなければ、得られないと思われていた。すなわち、自然的条件の克服は霊的能力の開発に直結していたのであった。

そのために、人びとの心は、その途中の大事な修行を怠り、生活を無視し、霊能力のみを追い求めることになった。

魔に支配され、廃人となった人びとがいたるところにみられたのも、このためであった。

一方、知識におぼれ、民衆の上に乗ったバラモンに説得力が失われたのも、階級意識と権威に安住し、心が不在となったからであった。

知識に片寄ることも、また、霊的意にのみに偏する生き方も、正道とはいえない。

中道とは、一方に偏しない色心不二の生活であり、それは、現実的な努力と、心の豊かさとの合成されたものでなくてはなるまい。

階級制度は、当時のインドを支配していた。バラモン種は、シュドラーやヴェシャーの上にあぐらをかき、彼らに無言の圧力をもって支配していた。

ブッタは、この現実に目を向け、階級制度を厳しく批判した。シュドラーの生活は家畜よりも劣っていた。家畜には小屋という住む家が与えられている。

しかし、シュドラーは野宿の生活を強いられていたのである。生活は百姓の手伝いや、機《はた》を織ったり、人が敬遠する仕事に従事しなければならなかった。

彼らの生活は、牛馬よりも劣っていたのである。しかも、彼らは自分たちの自由な時間も与えられていない。常に監視され、人の顔色をみて、労役に就かねばならなかった。

一方、戦争は絶え間なく続いていた。

戦いに敗れたクシャトリヤは山中に逃げ、にわか修行者になるか、山賊や盗賊に転落した。

戦いに敗れれば、一族郎党、首をはねられ、生きることはできなかったのであった。

ブッタをはじめ、ブッタ・サンガーの修行者の生活は、サロモンというバラモン種の最終修行を意味し、乞食と伝道遊行が主たるものであった。

サンガーの人びとは総じて若く、二十代、三十代が大勢を占めていた。老いた人たちといえば、ウルヴェラ・カシャパー兄弟など、ホンの数える人しかいない。

バラモン種のサロモンといえば、既述したように、六十代以上の老齢者であり、乞食と遊行に対しては、市中の人びとは伝統的にこれに協力を惜しまない。すなわち、サロモンが軒先に立てば商家も百姓も惜しみなく布施してくれた。

ところが、ブッタ・サンガーの人びとは総じて若く、バラモン種からいえばまだ修行の途中であり、年齢から推しても、その位置づけはサマナー的存在であった。ブッタ自身も年齢からいけば、まだサマナーであった。

このため、バラモン種のさかんな土地に遊行にゆくと、乞食を求めても、それに応じてくれない人たちがあった。サマナーの修行は、すでに述べたように、すべて自弁であり、乞食の風習はこの段階では少なかった。もちろん、僧にたいする人びとの畏敬の念は厚く、食を乞えば、たいていの人はこれに応じてくれたが、しかし、老齢のサロモンに対するように無条件にこれを歓迎するというものではなかった。

布施の思想は、現実と未来にわたる平安の生活に対する人びとの感謝であり、報恩だった。平安の生活は、神の使者であるバラモン種の祭祀にあるとされた。それも年齢的に神に近づいたサロモンへの布施の功徳はもっとも神聖で大きなものがあるとみられていた。

こういうわけで、若い僧が大部分を占めていたブッタ・サンガーの乞食にたいしては、ところによっては拒むものもあって、修行生活は必ずしも平坦ではなかった。

もちろん、ブッタの威光が各地に伝播されるに及んで、若い僧が軒先に立つと、ブッタのお弟子ということがすぐにもわかり、人びとの受け入れ方も年々かわってきたが、それでも地方に遊行にゆくと、百姓や町家の人びとは見向きもせず、このため、山林に入って果物で飢えをしのぐことすらあった。

シラバスティーへの旅は乞食と遊行に明け暮れる。日程は出発から五十日目に都に入る。三十六組のグループはそれぞれコースを異にしながらシラバスティーにのぼるが、グループによっては、右のように、かなりきびしい遊行になるものが予想された。

ブッタはウパテッサのグループとともにナーランダをめざして出発した。このグループの一団の中にはババリーの弟子であるマイトレーヤーとポーサラー、トーディーヤーが同行していた。そして、ウパテッサの指揮の下に北に向かって進んでいた。

ブッタの一行はナーランダで最初の辻説法が計画された。

マイトレーヤーやポーサラー、トーディーヤーたちは、鐘をたたいて村人を集める役を与えられた。

ナーランダは、ウパテッサやコリータの出身地でもあるので、ウパテッサとその弟子たちは、自分の両親や兄弟たち、友人、知人の仲間に声をかけ、ブッタの説法のあることを告げてまわった。

雨があがり、緑あざやかなナーランダの森でブッタは休息した。弟子たちもそれにならって腰をおろした。

ブッタは脇に座っているウパテッサに、

「明日の夕方から町の広場で説法する。明朝は一番鶏が鳴く頃から乞食をし、そのあとは知人友人に声をかけて夕方の説法について、皆を案内して欲しい。

マイトレーヤー、ポーサラーは説法の場所で鐘をたたき、説法の始まることを村人に告げなさい」

といい、近くにいたマイトレーヤーに目で教えた。

彼女はブッタを正視しながらこたえた。

「はい、わかりました。ババリー様のご説法のおりも、私たちは衆生を集めるための鐘や太鼓をうち鳴らしました。一生懸命やらせていただきます」

二人の比丘尼はまだ二十代であったが、娘にしては落着いていて、はきはきしている。バラモン教のなかで育ったきびしさが体から自然とにじみ出ているのであろう。

ブッタは当日、誰よりも早く目覚めた。そして、森を抜け村に入った。

あたりはまだ薄暗く、空に星が光っていた。

田畠の一角に散在する村人の家から、白い煙が細く長く立ちのぼっている。

のどかな風景は平和そのものであった。

ブッタが一軒の百姓家の前を通りかかると、その家の婦人が粥の入った土鍋を下げて表に出てきた。おそらく家の中からブッタの姿を認め、家の前を通りかかるのを待っていたのであろう。

「バラモン様、バラモン様、わたしのところの布施を受けて下さいまし。どうぞ、これをその鉢の中におおさめ下さい」

と、土鍋を指さし、小走りに寄ってくるのだった。

ブッタは婦人の声に立ちどまり、

「それはどうもありがとう。ご親切ありがたくいただきます」

と、左手に持った鉢を差し出した。

婦人はブッタから鉢をうけとると、今できたての粥を土鍋から移した。

粥からは湯気が上がっている。ゆらゆらとゆらめき、そのにおいをかぐと食欲がそそられる。

ブッタは黙って立って見ていた。

鉢の中は米と野菜と塩の粗末な粥だった。昔のゴーダマなら、ほとんど口にしたことのない粗末なものであった。

しかし、百姓の常食はこうした粥とか粟、稗、野や山に生える野草である。米の入った粥が食べられる者は百姓でもそう悪い方ではない。

ひどいのになると、一粒の米すら口に入れることがなかった。

食べ物についてはブッタは最低の食に甘んじ、いわんや肉類などは、修行中は六年間も口にしなかった。だから、粗末な粥が差し出されても、楽しく食することができた。大さじで鉢に移しかえた粥を、婦人はブッタに差し出した。彼女は片ひざを地につけ、ブッタを見上げている。

下からのぞくとブッタの顔はまだ若い。

彼女はサロモンかと思って布施をしたが、オヤッと思うほどまだ若い修行者であった。薄暗いのではっきり見えず、あとを追ったときにはてっきりバラモンの最終修行僧であるサロモンかと思った。それほどブッタは落着いていたし、大地に体が生えているような趣きがあった。

彼女は、いぶかりながら見つめていたが、急にブッタの顔が光に包まれたのを発見した。

光に包まれた瞬間、彼女は地べたに顔をつけていた。

「シュバラー、シュバラー、シュバラー様……」

と、つぶやくようにして口走り、ふるえていた。

「女よ、心からの布施、ありがたく頂戴する。心からなる布施は、またそなたに幸福となって返ってくるであろう。よく夫に仕え、善き子を育て、幸福な人生を歩んで欲しい」

ブッタは合掌している婦人にあたたかい言葉をかけると心から感謝するのだった。

「シュバラー様、ありがとうございます。何か体の荷物がおりたようで、スウーッといたしました。本当にありがとうございます」

ブッタは婦人の前を立ち去った。婦人は、ブッタの姿が見えなくなるまでその場でブッタを見送っていた。

ブッタがウパテッサの生家を後にして、森に戻ったときには、もうあたりは明るくなっていた。

ブッタはウパテッサに粥を分けてやり、朝のできごとを詳しく語ってきかせた。

そうして、真実の慈悲の尊さを教えた。

「ウパテッサよ、バラモンの習慣の中で食を布施する心は良き伝統として残っている。しかし、布施する者にも、真実の慈悲によって布施する者、習慣の中であたかも当然のように布施する者、いやいや布施する者とがある。

心からの布施は周囲を明るくし、自他の心を結ばせる尊いものがある。習慣の中でのそれは、布施の大小が不平を生み、欲望や執着をつくることになってこよう。いやいやの布施は心に毒をつくり、争いの種にもなりかねない。

道を修めているそなたたちは、真実なるもの以外に光明がないことを知る必要がある」

「ブッタ、ありがとうございます。真実なブッタ・ストラーを自ら行じ、弟子たちをはじめ衆生に伝えて行きましょう」

ウパテッサはブッタから分けてもらった粥をすすりながら、布施にもさまざまなものがあることを反省するのだった。

山林は朝日を浴びて急に活気づいてきたという感じであった。

木の繁みの間を抜けて太陽の光が大地を照らしている。

小鳥がさえずり、野草も小さな花を咲かせていた。

「ブッタ、私たちは今夕の説法の準備のため、町をまわってきます。これにて失礼します」

彼は、粥をいただくと、数人の若いサロモンを残して、森の中を出て行った。

ブッタは、にっこり笑って、ウパテッッサの後姿を見送った。

ナーランダにはウパテッッサの師であるアサンジャー・イッシーの修行場があった。

ウパテッッサはかつてそこで修行をし、知を磨いた。ここの修行所は師をはじめとして、弟子のなかでも論戦が好まれ、不自然な理屈をこねまわす者が多かった。

彼は、そこでの修行にあきたらず、ここを拠点にコリータと二人でブッタを求めて歩いていたのであった。

町を歩けば当然彼らと顔を合わすことになるが、仮に、論戦をいどまれても、今のウパテッッサなら彼らにひけはとらないだろうし、だいいち、そうしたことにうつつを抜かすことはないとブッタは思っていた。

ブッタは、森の中で自分の思念と行為について間違いを犯していないかどうか、軽く、目を閉じながら反省を始めた。

増上慢の心がないか、説いている法の中に間違いはないか。弟子たちに対する態度に間違いはないか。生活が惰性に流されていないかどうか。微に入り、細にわたって、心の中のチリやホコリをみつめた。

シラバスティーへのあせりの思いもなく、この大自然と同じように、心の中はなんのひっかかりもない、安らぎと平和な心がそこにあるだけであった。

ブッタは禅定三昧に入っていった。

森に残された数人のサロモンも、ブッタを遠まきにして瞑想し、心の静けさを求めていた。

五　ブッタの辻説法

町は賑やかだった。

ブッタの弟子たちは、四方に散って鐘や太鼓をうち鳴らして歩いた。

町行く人やバラモンの僧たちも、鐘や太鼓に興をそそられ、ふり向いて立ちどまった。

ブッタの弟子たちは、その人たちに、今夕偉大なブッタの説法がある、こうした機会は滅多にないので、是非とも聴きに来て欲しいと説明して歩いた。

予定の時刻に至る頃には、町の広場にはさまざまな階層の人たちが集まっていた。

ブッタの説法の前にナーランダ出身のウパテッサが立ち、ブッタの教えがどのようなものであるか話し、自分がブッタに帰依したいきさつを語ってきかせた。

町の人びとには、ブッタがカピラの出身であり、シュバラーとなって衆生に道を説いていることがすでに知れ渡っていたので、いったいブッタ・ゴーダマとはいかなる人物か、どんな話をするのかと、バラモン種の僧たちも結構、顔をみせていたのである。

聴衆の中にはバラモンの土地柄だけに、もし理に合わないことをいったら、ブッタを困らせてやろうと、手ぐすね引いて待ち受ける人もいた。

ウパテッサの司会でブッタの説法が始まった。

「諸々の衆生よ。

旅人を見よ、旅人は先人のつくられた道を歩んで目的地にゆく。もし先人のつくられた道がなく、山野は草木に蔽われ、道なき道を歩んで目的地に行くとしたら、その苦難はひとしお深いものがあろう。

しかし、先人の自らの智慧によって、暗中でも火をかざすことができ、橋がつくられ、歩くのに困らないよう道がつくられた。

人生航路の旅もこれに似て、先人の教えがその苦難をさけさせ、心素直なれば、より豊かな明るい一生を終えることができよう。

しかし、それにもかかわらず、人びとの一生は暗闇の中に旅するようなもので、煩悩の中で苦しみ、あえぐことが多い。

なぜ、先人の光を素直にうけ取らないのだろう。なぜ安らぎある人生を送ろうとしないのだろう。

人びとは煩悩にほんろうされ、欲望に心を売り渡してしまうからである。

さらには、先人の教えが後世に素直に伝わらず、後世の人びとがその教えを曲げてしまうので、ますます光明を失い、方向がわからなくなってしまう。

知と意というものは、もともと欲望によって働くもので、心が不在になるとあらゆる方へ走り出すものなのである。

動物の中でも知が働くものに猿がいる。猿は小ざかしい知が働くので、これを捕えるには、その知を利用すればよい。

丸いツボの一端に紐を結び木の根元にくくりつけ、ツボの中に果物を入れておく。

猿はそのツボの中をのぞき、果物を見ると、それを欲しさにツボの中に手を差し入れる。そうして果物を摑む。

ツボの入口は狭く小さく、手がやっと入る程なので、果物をつかみ出そうとすると果物をにぎった手が狭いツボの出口にさえぎられ、抜くことができない。

猿は果物を離せば、やすやすとツボから手を抜くことができるが、果物欲しさに、それができない。

こうして猿は欲望に負けて浦えられてしまうが、人間の苦しみもこれと同じように、欲望から離れれば、身の破滅を招かずに済むのである。

果物は山野にいくらでも生《な》っていよう。しかし、小ざかしい知が働き、欲望に心が働かされるので、このようになってしまう。

智慧ある者は、物にとらわれることの愚を悟り、主人である己の心の善我の声をきき、正しく生きるであろう。

衆生よ――、

肉体舟の五官に触れる一切の物は無常なものであり、善我なる己の心のままに生き、多くの人びとに奉仕することだ。

その心が行動に移されたとき、人は皆、仏の子となり、調和に満ちた平等の社会が築かれてゆくであろう。

大自然は私たちに差別なく、生活の条件を平等に与えている。

平等でないのは、人びとの心が欲望にほんろうされ、さまざまな垣根や階級をつくっているからである……」

ブッタの説法には方便が常に使われている。

当時の人びとは文字を知る者は少なく、文盲が多かったので、さまざまな身近な例をひいて、神理を解説すると、誰にも納得ができたからである。

集まった聴衆は、ブッタの熱のこもった話に心を打たれ、用事を思い出し途中で帰るような者は一人もいなかった。

ブッタの弟子たちも聴衆の中に入り、ブッタの言魂を心の糧にするため、じっときき入っている。

ブッタの説法が終わり、質問の時を迎えた。

そのとき、一人のバラモン修行者が興奮した言葉で質問してきた。

「ゴーダマよ、あなたは弟子たちが皆、シュバラーだの、ブッタだのといって、ゴーダマを尊敬しているが、そういう呼び方は人をまどわすことになる。どこの国に行っても我こそは本物のシュバラーだ、ブッタだといいふらしている自称ブッタがあまりにも多いからだ。

わしはバラモン種のサロモンだが、神に仕える聖職者でない武士階級出身のゴーダマが、シュバラーだの、ブッタだのと名乗ることは、バラモンの神を冒瀆するものだと思っておる。

ゴーダマ自身の口からききたい。いったいあんたはどうなのだ――」

バラモン修行者は血相を変え、ブッタをにらみつけるようにいった。

ブッタは彼の言葉をうけ流しているかのように微笑をうかべ、こたえた。

「バラモン種のサロモンよ、太陽はそなただけにあるのかな。クシャトリヤ、ヴェシャャー、シュドラーにも太陽はあると思うが、ちがうかな」

「太陽の大きさは、それぞれに定められた地上の階級によって異なるものだろうか……」
「……」
「太陽は一つだ。そんなことはいわれなくてもわかっておる」
「しかし、あなたのいわんとするところは、バラモン種だけにしか太陽がなく、あとは皆、太陽のない人間であるとしているのと同じように聞こえる。大自然はすべて平等である。

人は種姓によって、生まれによって、聖者になるのではないであろう。

要は、いかに正道を歩み、衆生を苦悩から救済するかによって、聖者になるのではないだろうか。

サロモンよ、人から聞いた話をそのままうのみにすると、間違った見方や思い方をしてしまう。まず、その事実を、正しく自らの目でたしかめ、考えるべきであろう。そうでないと、人の話でねたみの心をつくり上げ、自分自身を暗い穴に引き込んでしまうだろう。

あの木の梢に生っているマンゴーの実を見なさい。あのマンゴーの味があなたにわかるか――」

ブッタが指差すマンゴーの木に目を移した修行者は、ブッタの言葉に返すことができず、黙ってしまった。

「あのマンゴーの味が、今ここであなたにわかるか」

ブッタはつづいて修行者にきいた。

「うん、あの色具合からみて、もうしばらく日数をおかないと、味はよくないと思うが……。

いったい、それがどうしたというのだ――」

「取って食べれば、はっきりと味がわかろう」

「それはそうさ。とって食べれば味は誰だってわかるさ」

「サロモンよ。私のいわんとするところは、私の説く法を実践することだ。そうすれば法の味がわかるはずではないか。人の噂や理屈だけで、あれこれといわれる前に、まず実践してみることである。そうすればマンゴーの味と同じように、甘いか、すっぱいか、わかるというものだ。実践してみて、そのうえで、これはちがう、これは本物だとわかるものだろう。

知識として貯えた学問を生活の中に生かし、体験して智慧にかえることが、シュバラーへの道ではないか――」

バラモンの修行者は黙ってしまった。

無知なる自分を知って、ブッタの言葉に頭を下げるのだった。

彼は、この質問でブッタ・サンガーに帰依した。

こんどの辻説法によって、多くのバラモン修行者が帰依した。

また、さまざまな階級の人びともブッタの説法に目がさめ、生活の中に生かす決意に燃えたのであった。

ブッタの一行は、こうして多くの衆生に法を説き、パタリー・ガマを通り、バッチー国のベッサリーの町に入った。

ベル・ヴェナーを後にして、すでに半月。しかし住むのに定着地のないブッタにとっては、今いる場所が修行場であるということを悟っているため、決して長い旅だとは思っていなかった。

しかし弟子たちの中には、ベル・ヴェナーこそ自分の修行場だと考えている者がいたので、

「今度ベル・ヴェナーに帰ったら、今迄に犯した数々の思念と行為の誤りを、徹底的に修正することをやろう」

と、同じ仲間同士で語り、ベル・ヴェナーへの郷愁にかられている者たちが多かった。

ブッタはいった。

「サロモンたちよ。そなたたちの修行場は、ベル・ヴェナーだけにあるのではない。もしそうだとしたならば、すでにベル・ヴェナーへの執着にとらわれているということだ。そなたたちの行く所、すべてそなたたちの修行場だと心得なければならない。

今いるベッサリーの都も、そなたたちの、今という貴重な時間が与えられている修行場だということだ。

今という時に、自己を正せ。今という時に自己を正さなければ、先にゆけばゆくほど更に大きなお荷物となって、常に苦悩と同居することになろう。場所によってそなたた

ちの心が定まらないとしたならば、やがて日は暮れ、一寸先は闇の人生が待っているということを知らなくてはならないだろう。

場所や時間に関係なく、今に生きることが大事だ、ということだ。

明日があるという心を捨てよ。明日があると思うところに、気のゆるみが生じ、放逸な心で今日を過ごす。このような者たちこそ、愚かな人生を送ってしまうことになる。

そなたたちサロモンは、そのような小さな心であってはならぬ。この大自然すべてが、そなたたちの住家である。そうしたブッタの心の中に住することだ」

「ブッタ、ありがとうございました。私たちは考え違いをしておりました。

今いる場所、今の時を、自分の修行場とし、法をたよりとして励みます」

コリータの弟子たちは、声をそろえていった。ブッタの弟子以外にも、裸体の修行者たちも側で聴いていた。その中の一人がブッタに質問をしてきた。

「ゴーダマ――。

あなたの名前は、他の修行者から聞いていたが、直接、話を聴いたのは今日が初めてだ。

私たちの師は、一切の殺生を禁じているが、殺生について、ゴーダマは、どのように考えているか、教えてほしい……」

余りにも尊大な態度で、ブッタに質問をした裸体の修行者に、ウパテッサの弟子たちは、

「リチャブ族の修行者よ。

あなたは、あなたの師に、今のあなたのような態度で質問をなさるのですか。

ブッタは私たちの師なのです。言葉や態度を正してから質問するのが、修行者の道ではないのか」

十数人の粗暴なふるまいの裸体の僧に、ブッタの弟子たちは、注意した。

だが、リチャブ族の修行者はウパテッサたちの忠告に耳をかさず、敵意に満ちた鋭い目つきでブッタの返事を待った。

ブッタは笑顔でいった。

「ウパテッサよ。

修行者たちよ。

真実を見定めて、差別なく平等の見解を持っている修行者は、謙虚で、おごりがなく、高ぶることなく、法を心の糧として成長して行くものだ。

真実を見定めることのできない修行者は、信じて修行をしてきた今迄の道こそ絶対だと思って、盲信、狂信、迷信の生活をしている。そして、心の中に生じる疑問に解答を得ないまま、知識の枠内から脱することができない。そのような愚かな修行を、そなたたちも体験して来たのだ。

ベラーの弟子たちが、ベラーを師として尊敬するのは、そなたたちが、この私を師として尊敬しているのと、何ら変わりがないのだ。

正しい法を知識として理解し、その知識を得て生活をしたときに、真実の智慧が、内なる心から湧き出てくる。そうして、より真実な法の価値を知ることができるものだ。

マンゴーの味も、食べてみてはじめて知ることができよう。未熟のマンゴーを食べれば、渋さだけが口に残り、本当の味を知ることはできないだろう。

時期を待ち、熟したマンゴーを口にしたときに、はじめてマンゴーの真実の味を知るものだ。そのときにこそ、マンゴーはおいしい、というだろう。

理解するまで待つことも慈悲なのだ。いたずらに感情的になって、マンゴーはうまいといって、人に押しつけるものではない」

「ブッタ、わかりました。無慈悲でございました」

ウパテッサは、ブッタの言葉をかみしめ、他の弟子たちに今後起こり得る問題として、心の中に銘記するのだった。

ブッタの眼はマーハー・ベラーの弟子たちに向けられた。

「マーハー・ベラーの弟子たちよ。無益な殺生は正法ではない。生きとし生きるものの生存そのものは、彼らに与えられている権利なのだ。

しかし裸行の修行者たちも、生きるためには肉体を維持せねばならないだろう。いかにしてその肉体を維持しているのか教えてほしい」

ブッタは、控え目に裸行の長老、ババリーダに聞いた。ブッタの得意な質問であった。

ババリーダは言った。

「遊行によって得た芋粥、山野の果物を食として肉体を維持しておる」

「そうですか。では果物を腐らせたり、得た芋粥が多くて、腐らせたり、捨てたりすることはないのですか」

「それはある。あまりにも多いときなどは、食べ過ぎても体をこわすので捨てることもある。

　腐って捨てた果物もあった。

　しかし、そんな馬鹿らしいことを、ゴーダマは、なぜ聞くのか。私たちには理解出来ぬ」

　ババリーダは、顔を真赤にして最後の言葉は怒りでふるえていた。

「ババリーダよ、怒ってはならぬ。心の中に歪みをつくっては、わしの話も正しく聞くことは出来まい。感情を静めて聞くことだ。

　そなたが殺生について質問したので、わたしはそなたに聞いているのだ。

　芋は、芋の生命を持っている。粥は粥として、やはり生命を持っているのだ。

　米も、芋も、この大自然の土壌を母として栄養を吸収し、太陽の恵みによって、やがて芽を出し、空気を吸って生長し、緑で自然を飾っている。こうして、米も芋も常に循環をくりかえし、私たちに生命を与えている。

そなたたちの血や肉になっている芋も、粥も、そなたたちのために生命を投げ出しているということを忘れてはならないだろう。果物も、同様にそなたたちの血や肉や骨となるために生命を投げ出しているのだ。

そなたたちが、その生命を無駄にしては、これらの生命は犬死と同じ結果になるだろう。

感謝する心と、食物を無駄にすることなく、自らに足ることを知った生活をする必要があるであろう。

そのためには、一粒の米も無駄にしてはならないといえよう。また百姓たちの血と汗の結晶だということも忘れてはならない。

そなたたち裸行僧は、蚊や、縄や、蚋《ぶゆ》などの殺生を禁じているが、米も芋も生きているということを忘れてはいないだろうか。

また、そなたたち、裸行僧よ。

正しく聞き、正しく見、正しく語ることは、修行者として当然なことであるが、そなたたちが心の中で思うことは自由なのか。もし自由だとしたならば、心の中に生ずる苦悩はどのようにして除くのか。

五官のうち、いかに目と耳と口が調和されていても、最も大事な心の中で、さまざまな悪しきことを思えば、その思いは苦悩となるであろう。

心の中で思うことは、まったく行為したと同じ結果になるという事実を、その心の苦悩が証明しているだろう。

いかに形だけを正しても、中身を忘れた形では、真実の道を究めることはむずかしいものだ」

ブッタの弟子たちは勿論のこと、裸行僧たちも、確かに心こそ最も大事な生命の本質だということを知った。ババリーダは、

「シュバラー（悟られた人）ありがとうございました。

シュバラーの教えこそ真実です。

わたしは、無殺生のジャイナ教こそ神の教えと思って、今日まで裸体になって、一切の執着から離れたかのように思っていましたが、形ばかりで、心の中はいつも波立ち、安らぎが得られませんでした。

心は、見えない世界ゆえに、ないがしろにして来たため、苦悩を解脱することが出来ませんでした。

執着を離れたというのは、裸体の姿だけでございました。あなたこそ真実のシュバラーです。ありがとうございました。どうか、私たちを弟子にさせて下さい。小間使いでも、どんな仕事でもいといません。

私たちを弟子にして下さい――」

道を求めて来ただけあって、ババリーダの理解は早かった。彼がこう言うと彼と行ないをともにしてきた裸行僧たちも体全体をうつ伏して、ブッタへの帰依を心から願うのであった。

「ババリーダよ。

わたしの説く法をよく理解して、これを行なう者は皆、同志であり、友である。よく理解せよ。よく行ぜよ。やがてそなたたちにも、心の世界が開かれよう」

「シュバラー、ありがとうございます。よく法を理解し、行じます。ゴーダマ・シュバラーの教えを守ります」

当時バラモン種出身の修行者は、悟られた者をシュバラーと呼んでいた。観自在力を備えた神の化身とみていたわけである。

しかし、ブッタは即座に弟子にすることを避けた。

なぜ避けたかというと、今のブッタはシラバスティーへの途中でもあるし、裸行僧のジャイナ・ストラーの教主は、リチャブ・プトラー（リチャブ族）出身の王子であり、ベッサリーの生まれであったからだ。たとえ説く道が異なっていても、ブッタの法を知って行ずることが最も大事なことであり、法に帰依して生活をしたならば、たとえ宗教が異なっていても、正しい道に、おのずからついてしまうことが、わかっていたからである。

特にリチャブ族は、気の短い性格の人びとが多いために、弟子たちの退転を知って、ジャイナ教の内部に、波風を立てることを避けなくてはならないと思ったからだった。

真実に、心からブッタの法を悟ったならば、彼らは自らの性格を、自らの力によって正してゆくであろうということである。

その予測通り、それから数年後にブッタの弟子、マーハー・カシャパーが、この地で法を説くようになったとき、ババリーダの仲間が、ベッサリーのブッタ・サンガーでの中心になっていたのである。

ブッタの一行は、コーサラ国に入り、ブッタの説法は、村や町で続いて行った。

ブッタは、コーサラ国の最初の町で多くの衆生を前に説法をした。

「諸々の衆生よ。

この大自然の恵みに感謝せよ。

天は雨を降らせ、地を洗い、母なる大地は植物に栄養を与え、美しく自然を飾っている。

この恵まれた大自然の中で衆生は生きているのだ。この大自然の恵みによって、私たちは生かされているのだ。そしてこの大自然は、何の差別なく、すべてに平等であろう。

真実のバラモンは、すべてに平等な、普遍的な法を知っているであろう。その法の中には、バラモンもなく、クシャトリヤもなく、ヴェシャーもなく、シュドラーもないのだ。

ただ、平等な人間だけが存在しているのだ。差別は、職業、地位などによって人間が勝手につくり出しているのだ。

仏の教えは、人間の知によって、意によつて、変えることの出来ない全人類救済の道だといえよう。

人は祭りによって救われるのではない。

心の中にこそ偉大なる神の慈悲が存在し、心の外には神はないということを知らなくてはならないだろう。

諸々の衆生よ。

そなたたちの心こそ、永遠の自分自身だということを知らなくてはならない。

その心は、この大自然のすべてが相互関係の大調和の中にあるように、すべてに平等であり、片寄らない中道だということである。

たとえ貧しい生活をしていても、やはり人間であり、富める生活をしていても、また同じ人間である。

生活に貧しき者たちは、いかに貧しかろうとも、心まで貧しくしてはならない。

貧しいがゆえに、他人の物を盗み取ったり、他人に嘘をついて利を得ようとしてはならない。

　貧しき生活をしていても、お互いに相助け、相和して、一切に足ることを知って明るい生活をしている人びとこそ、真実に心の富める人びとというのだ。

　富める生活をしていても、他人の存在を認めることなく、偽我のままに自己保存の生活をし、貧しい人々に布施の心もなく、足ることを忘れ去っている人びとこそ、本当の心の貧しい人間だといえよう。

　諸々の衆生よ。

　心以外の一切の諸現象は無常である。たとえ何を所有しようとも、それは永遠の所有物とはならないのだ。金銭財宝、すべてが無常だということを知らなくてはならない。この世を去るときには、一切の物を置いて帰らなくてはならない。この無常な物にとらわれて、自らの心を狂わせ苦しんでいるのだ。一切の苦悩は、私たちが生活の中でつくり出しているといえよう。人は盲目なるがゆえに、物におぼれ、情欲に心を失い、自ら苦しみの渦の中であえいでいるのだ。

　しかし自ら蒔いた苦しみの種は、自ら刈り取らなくてはならないのだ。

そなたたち一人一人の心の世界は、自分が支配者であり、偉大なるラージャン（王）であるということを知らなくてはならない。その責任は重大だといえよう。それゆえに、自らの心の世界に蒔いた種は、他人が刈り取ることは出来ないのだ。原因、結果、すべて己自身の責任だということだ。

諸々の衆生よ。

毎日の生活を通して、心の中に苦悩の種を蒔くことを止めよ。苦悩の種とは、むさぼりの種、怒りの種、そしりの種、ねたみの種、そねみの種、増上慢の種、虚栄の種、足ることを忘れ去った欲望の種、情欲のみにとらわれている不安な種、嫉妬と独占の種。

諸々の衆生よ。この種は、やがて心の中をおおい、神の光明をさえぎってしまう。一切の苦悩の種だということを知るがよかろう。

今迄に蒔き散らしてしまった苦悩の種は、今の苦しみとなって心の中に繁茂している。苦悩から解脱するにはその根を除く以外にない。刈り取るだけでは、また新しい芽が生えて、ふたたび苦悩にあえぐことになろう。その根を断つ以外に、苦悩から逃れることは出来ないのだ。

苦悩の根を除くには実践しかない。正道にそった生活しかないのだ。実践したときに、その実践に従って、安らぎという光明の種が、広い心の世界を満たしてくれるのだ」

ブッタの説法は、衆生の心をゆさぶった。そうして人びとの心に浸み込むように入って行った。

病む者は癒され、無明の者たちは光明に満たされて、安らぎの心が得られ、衆生の顔は、血色まで変わり、生き生きとして来るのだった。

衆生の間に法悦にむせぶすすり泣きの声が、聞こえて来た。

ブッタの言葉は、光と力強さと人をひきつける神のひびきがあったからである。同じことを語っても、ブッタが語るのと他の人のそれでは受けるひびきがまるで違っている。強い信念と慈愛の情熱が言葉となってあふれ出るからであろう。

シラバスティーへの旅は、一日も休むことなくつづいた。旅の先々でブッタは説法を続け、帰依する人びとは次第に多くなってきた。

同時に、ブッタに反感を抱き、ブッタの説法を喜ばない人びとも多かった。

バラモン種の修行者たちがそうであった。

バラモン教は、すでに千八百年からの歴史があり、当時の衆生の生活の中に、しっかりと根を下ろしていたからである。

そのバラモン教の中にも、多くの派閥があり、祭事もすっかり形式化され、化石化した宗教に変わっていた。信仰の在り方も他力化し、権力と独占欲が彼らの心をおおっていた。そうした信仰の中から真実の道を探し出すのは、至難なわざといえるだろう。

バラモン種でありながら、バラモン教にあきたらず、厳しい肉体行を通して、神に近づこうとする者も多かった。

だが、最も大事な心の価値を悟ることなく、不調和な心の状態で心を空白にしようとするため、本人の知らぬ間にキンナラ、マゴラ、アグニー、ヤクシー、ヤクシャー等の地獄霊が、修行者を支配し、修行者の口や、眼を通してこの世のものでない世界を語ったり、見せたり、間違った他力信仰に衆生を迷わす者たちが多かった。

その結果、我こそは偉大なるアポロキティー・シュバラーだ、我こそはブッタだと自称する者たちもいた。

特に伝統を誇るバラモン種は、このような修行者に対しては厳しい批判をするのだった。

ヴェーダや、ウパニシャードを中心に、よく議論が戦わされ、外道の修行者に勝ち誇る増上慢なバラモン種が多かった。知だけが発達して理屈をいい、心の実践に乏しい修行者になってゆく傾向があった。

そうしたバラモンの中には、無名なクシャトリヤ出身のゴーダマの教えを信じて、シラバスティーの富豪スダッタが、ジェーターー・ベナーに莫大な資産を投下していることを批判する者が多かった。

マーハー・バラモンの司祭者たちは、スダッタにいった。

「スダッタよ。マーハー・ヴェシャーよ。

バラモンの伝統である神々を祭り、その神の信仰が、多くの人びとを救って来たのに、どこの馬の骨かわからぬ者を信じて、莫大な布施をしていますが、必ず頭陀七分の罰が当りましょう。

あなたの両親も、バラモンの神々を信じ、あなたはその中で育ったはずです。大富豪の徳も、バラモンの神々から与えられたもののはずです。改宗は先祖に対する不孝であり、バラモンの神々に対する冒瀆になりましょう。財産や命を大切にしたいなら、外道に入らないことです。

　あなたにも、よい娘さんがいるでしょう、テルサ様や、ウダラ様のことも、よくお考えになって、外道を信じないことです。

　間違った信仰は、子孫にも影響いたしましょう」

　これにたいして、スダッタは反発することなく、

「いや、いや、マーハー・イッシー（大仙人）様、いつも私を始め、子どもたちのことまでお心にかけて下さりありがとうございます。

　今度の普請は、まったくわたしの楽しみでやっておるのでございます。

　バラモンの神々を信じないなどとは考えてもおりません。

　ただ、カピラバーストの王子だったゴーダマ様をお迎えする宿舎でございまして、神々をお祭りする場所など、そんな大それたことなど、とうてい私などのような男が出来るはずがございません。

私たちはゴーダマ様のお話を聞きたいために説法堂を造りました。マーハー・イッシー様もどうぞおいで下さい。神々などお祭りしてある場所は一切ございません。お話を聞く所なのでございます」

といい、スダッタは、マーハー・バラモンのいい分を軽くかわした。

マーハー・バラモンは返す言葉を失った。

スダッタが、ラジャ・グリハの町に旅したとき、ブッタの説法を聞き、人間の生きる価値を知ったときの感動は、今も変わってはいなかった。

この感動がブッタへの精舎寄進という姿になって現われた。多くの病める衆生を救済するために、法を聞かせ、人の道に法灯を点したいという目的しか、彼の心にはなかった。その第一歩が今、目の前で果たされたのである。完成したジェーター・ベナーをながめ、スダッタは顔をほころばすのだった。

肩をならべてスダッタの言葉を聞いていたマーハー・バラモンの大仙は、返す言葉もなく、スダッタと共に、ジェター・ラージャンの寄進した東門の壮大さを仰ぎながら、心の中は複雑だった。

しかしこの大仙も、いつの日か、ウルヴェラ・カシャパー兄弟のように、ブッタに帰依するだろうとスダッタは思うのだった。

スダッタも、バラモン教の祭事の事で幼ない頃から疑問をいだき、信じられなくなっていたし、バラモン教の修行者たちの不甲斐なさを、淋しくも思うのだった。なぜなら彼らの多くは、聖職者としての生活の中に安住し、自己の完成がなく、そのために知識ばかりは豊かであっても、行ないがなく、悟りには程遠いからであった。

同じ太陽の下にあって、聖職者としてのバラモン種の生まれということだけで、他の種姓を軽べつし、優越感に浸っている修行者も非常に多いのだった。

太陽はすべての人々に平等であり、まったく分け隔てなく、慈愛の熱や光を与えている。

その中に住む人間が、家系によって差別するとは、誠に愚かしいことだとスダッタは思っていた。

その頃、ブッタの一行は、シラバスティーの都に入っていた。

ブッタの弟子の連絡によって、コリータや、スダッタは、ブッタの一行を迎えに行った。

粗末な僧衣に身を包んだブッタを見たとき、スダッタは、恥ずかしかった。

マーハー・ヴェシャーとしての、スダッタのきらびやかな服装とは比較にならないものであったからである。

しかし、ブッタのためにカッシー産の絹織物で作った僧衣を、スダッタの贈物として使用人が持参していたので、スダッタは幾分心が軽かった。

「ブッタ、遠路御来駕、御苦労様でございました。

私たち一同、心からお待ち致しておりました。

粗品でございますが、どうぞお受け取り下さい」

スダッタは、座しているブッタに僧衣を手渡した。

「スダッタよ。

法の偉大さを悟り、道を説く者に対して供養することは、子々孫々にまで光明を与え、その功徳は、未来永劫人びとの心の中に残るであろう。

お迎え、心から感謝します」

スダッタはニッコリ笑っていった。

「ブッタ、ありがとうございます。

僧衣も大分汚れているようでございますから、どうぞお召し替え下されば幸いに思います……」

「スダッタよ。

ご親切ありがたく頂きましょう。

たとえ僧衣が汚れていようとも、心は錦に包まれています。人は見かけによって品位が定まるものではありません。行ないによって定まるのです。そなたの厚意だけを受けておきましょう」

「ブッタ、恐れ入りました。

今からジェーター・ベナーにお送り致します。どうぞこの駕籠にお乗り下さい」

「親切なご手配ありがとう。

わしは元気であるが、体をこわしているサロモンがいる。

わしの代わりに乗せて欲しい」

ブッタの慈悲のこもった言葉に、スダッタも、コリータも、

「ハイ、ブッタ、わかりました」

といって、目は涙で光っていた。

六　パセナティーの帰依

ブッタの一行が東門に到着したとき、多くの衆生は、ブッタをひと目拝そうとブッタの通る両側に美しい花びらを供養する人びとが多かった。

衆生の心が、法によって安らぎ、真実の人間性に目覚め、平和で健康な日々が送れるようブッタは心の中で祈るのだった。

ブッタは、ジェーター・ラージャンの出迎えを受けて、精舎に案内された。

「ブッタ、ジェーター・ラージャンでございます」

スダッタは、王をブッタに紹介した。

「シュバラー、ようこそ。遠路はるばるようお越し下された。

シュバラーのお徳についてては、このスダッタからよく聞いています。今日の日を楽しみにしていました」

「ラージャンよ。

この広大な園をサンガーに寄進して下さったことを、心からお礼申しあげます。ここをコーサラ国の拠点として、衆生に法を説いて参ります」

ブッタはラージャンに礼をいった。

マーハー・コーサラ・ラージャンの王子であるジェーターは一見、優しそうな顔立ちをしているが、心の中には、何か厳しいものがあることをブッタは感じていた。

弟のパセナティーが、コーサラ国の実権を握っているが、弟が正妻の子、兄は第二夫人の子という理由だけで小城の城主にすぎないことに、彼は心中わりきれないものを持っていたからであった。

彼は不遇な運命にじっと堪えていたが、しかし、いつの日かこのような権力への執着の愚かさを悟るときが来るであろう。ブッタが法を説く喜びは、このような、執着に迷う人びとが、執着から離れ、安らぎある心に変わってゆくことにあった。

ブッタは、いつの日かジェーター・ラージャンの心に安らぎが訪れることを信じて疑わなかった。

ジェーター・ベナーの生活はコリータとスダッタによって部屋割りまで決められ、説法の日取りまで計画されていた。

しかし、雨の時以外はベルベナーの生活がそうであったように、屋外での修行が中心をなし、精舎を使うことは少なかった。

ある日のこと、スダッタの紹介で、パセナティー・ラージャンがブッタを訪ねてきた。多くの従者をしたがえ、その威勢はジェーター・ラージャンの比ではなかった。しかし、大国の王でありながら、顔はやさしく、気品にあふれ、道を求めることにおいては誰よりも関心を示していた。

彼はブッタの前に出ると一礼して座った。

「シャキャ・プトラーの王子、ゴーダマ・ブッタの名声は前々から聞いていました。今日そのブッタにお目にかかって嬉しく思っている。ビンビサラ・ラージャンもブッタに帰依されたと聞いています。

コーサラ国には多くのマーハー・バラモンが厳しい修行をしているが、どうも悟れずにいる。年若くして、しかもクシャトリヤのゴーダマがどうして悟ることができたのか、その点を教えて欲しい」

彼は大国の王であることを意識しながら質問した。ことにブッタとは同じ年頃であるだけに、ゴーダマがどうして悟ることができたのか、不思議でならなかったのである。

「マーハー・ラージャンよ。

悟りは年齢によるものではありません。正しい心と行ないの積み重ねによって得られるものです。それゆえに、どんなに小さな国の王子であっても、その人を馬鹿にしてはならないでしょう。やがて成長して、マーハー・ラージャンになるかも知れませんから。

同じように、たとえ小さなシャミーだからといって、馬鹿にしてはならないでしょう。なぜなら、このシャミーがよく法を悟り、やがて心と行ないが法に適ったときは、迷える衆生を救うアポロキティー・シュバラー（観自在菩薩）になるかも知れないからです。

また、小さな火を馬鹿にしてはいけません。その小さな火も大火となれば、この大都市も、この美しい大自然の草木をも焼きつくす力を持っているからです。

シャミーも、やがてサロモンとなり、心を清浄にしてよく道を守れば、誰でも無上の悟りを得ることが出来るものです。悟りをひらき、神理を知り得たならば、苦悩にあえぐ人々を救済するでしょう。

法といい、道というものは、己に足ることを知り、怒り、そしり、恨み、愚痴の心を返上し、その恐ろしさを悟り、心の中にある重荷を捨て去ることです。

一方、正法を説く者を誹謗したり、迫害すれば、その罪は、容易に消すことはできないでしょう。なんとなれば、神の心はもとより、己の中にある神性、仏性を冒瀆し、汚すことになるからです」

パセナティーは、ブッタの言葉をきいて、心というものはまことに恐ろしいものだと思った。

というのは、バラモンの修行者から頭陀七分の罰があることを教えられていたからである。

バラモンの神をののしり、それを信ずる修行者に迫害を加えれば、頭が八ツ裂きにされるような痛みにおそわれて、狂い死するときいていたのである。

彼はそれまでバラモンの経典を学んできた。それだけに、ブッタのいう正法というものが手に取るようにわかる気がするのであった。

ブッタの言葉は少なく簡単ではあったが、その一つ一つの言葉は、千金の重みとなって、彼の心を揺り動かした。

ブッタは言葉をとめ、パセナティーが反芻しているさまを、じっとみつめていた。

パセナティーが顔を上げた。

「ブッタよ、国の指導者としての心構えや行ないについて教えて欲しい」

といった。

ブッタは、かつてラジャグリハ・バーストで、ビンビサラ・ラージャンから同じ質問を受けたことを思い出し、微笑を浮かべた。

「マーハー・ラージャンよ。

あなたの愛する子どものように、衆生を愛することです。分け隔てなく、すべての人びとに対して、平等の心を忘れてはならないでしょう。

権力や武力によっては、人民の行動を一時は押さえることはできても、心の自由までしばることはできない。

しかし正しい心の法にそった指導をしていけば、衆生はよろこんでそれに従い、国を平和に治めることができるでしょう。

そのためには、たとえ小さな子どもであっても大事にせねばならない。やがてその子どもたちが正しく成長し、悪の心を支配して、正しい中道の道を歩むことになるからです。

衆生の犠牲の上に、自らの幸福を築くことは、やがて自らを亡ぼすことになります。苦役にあえいでいる人びとには、愛の手をさしのべる。悩める者には、その悩みを除き、病める者には、苦悩を取り除くよう慈愛の心を持って接することです。

たとえ王なりといえども、その地位を特別なものと考えず、また、側近の者たちの間違った言葉に迷わされてはなりません。

煩悩の苦しみから遠ざかり、人間としての道を歩み、悟りの境地に到達するように努力することが大事でしょう。

そのためには、自らの心の在り方から正さなければなりません、火が激しく燃えさかる所には、生き物は住まないでしょう。情欲の炎が燃える所に、正しい道は存在しません。怒りによって心が燃えていると、正しく理性が働かないばかりか、人の忠告が忠告として聞こえず、かえって火に油を注ぐような結果になってしまう。情欲に支配されると、ものの筋道が分からなくなり、身や国を滅ぼすことになる。

また知識だけが先に立ち、行ないが伴わないものは、絵に描いたマンゴーのようなもので、その味は、永遠に分からないでしょう。

知識は、行ないによってのみ智慧に変わるもので、種は肥沃な土の中でこそ、芽を出し、成長するものです。

人が多くの険路を越えて旅するように、生きる道を歩むにも、たゆまざる精進が必要です。道を歩む過程に苦楽はつきものですが、しかし、本当は、正しい道を踏みはずしたときにしか、苦悩というものは生まれないものです。

苦悩を生み出す原因は、他人ではなく自分自身にあります。このことに大抵の人は気付かない。他人に転嫁した方が気が楽ですからね。だが、苦しんでいるのは、ほかならぬ当人だということを知る必要があるでしょう。

苦悩を除くためには、苦悩の根を除かない限り、また芽が出て来るでしょう。この苦悩を除くためには、智慧と勇気と努力が必要です。

今迄の人生においてつくり出した苦悩の根を除き、今後の人生に苦の種を蒔かぬことが、人生を、平和と安らぎの生活に導くものです。

この精舎の建物も、固い土の上にしっかりとした土台が組まれ、その上を太い柱が屋根を支えています。ですから風雨に耐え、そこに住む人びとも安心して安住できるわけです。

心の安住にも、正しい法の柱が必要になります。

法の柱とは、自己中心の心を改め、他人があって自分があり、大自然の中でたがいに生かされ、生きているように、相互の調和が柱になります。そのためには、他人の言葉を正しく聞き、いやしくも、自己の感情でそれを受け取り、曲解してはならないということです。

また、どんなことをいわれても、怒りの心、そしりの心、恨みの心、愚痴の心、情欲の心、虚栄の心、増上慢の心などをつくらないことです。つくったときは心の中に毒を飲んだことになり、また新たな苦悩の種を蒔いていることになります。

思っても、語っても、同じ結果になります。正しく語るということは、このような不調和な心では不可能でしょう。

言葉は相手に意思を伝えるものであって、不調和な言葉は、自分の心に毒を飲むばかりではなく、他人に対して、毒を飲ませることになるものです。特に気をつけなくてはならないでしょう」

パセナティー・ラージャンは、ブッタの自信あふれる言葉を、じいっと聞いていた。反駁の余地はまったくなかった。法を聴けば聴くほど心が洗われてくる。その不思議な感情の広がりに、彼はハッと気付くのであった。

ブッタは、弟子の差出す水を口に含み、うまそうにのどを潤した。一息つくと、話を続けた。

「マーハー・ラージャンよ。

心の中で思うことが正しくない場合は、心の中に苦悩の原因をつくり出すものであり、行為したと同じことになるということを知らなくてはならないでしょう。

慈愛の心は、光明の世界に住することになり、その行為は、より大調和への近道だといえましょう。

心の中には、己自身に嘘のつけない善我なる心と、自己を中心とした不調和な偽我なる心が存在しています。一切の苦悩は偽我がつくりだすものです。

善我なる心は、親が、わが子を愛し、育てるように、慈愛に富んだ行為となって現われます。それは、あたかも太陽のように、報いを求めることなく、万生万物をはぐくみ、大調和の根元をなしている神仏の心であり、行為に通じているわけです。

他人に、自分をよく見せようとする虚栄心は、心を毒すだけの、自己満足の無常なものといえるでしょう。このような心を持つことはまことに愚かしい、心の貧しい行為といえましょう。

心の中で思うことの自由は、いかなるマーハー・ラージャンといえども、これを支配することはできないでしょう。しかし慈愛に富んだ善政をしくならば、衆生の心に素直さをよみがえらせ、真の平和を築くことができるでしょう。しかしその反対に、欲望をもって、衆生を調和させようとしても、それは不可能ということになります。

思う、考える心は、善悪いずれにも自由なために、真実な慈愛は、衆生の心の中に、感謝の心が生じ、報恩の行為となって現われて来るものだからです」

ブッタの一言一句はパセナティーの腹にこたえた。

衆生のためとはいえ、彼がこれまで運んできた政治は、一つとして己の私心から切り離されたものはなかった。また、それでも通ってきたし、衆生も臣下も、今まで喜んで王にしたがってきた。

王は国家であり、法であり、したがって、衆生や臣下は王の分身であり、手足であった。

王の意志は衆生の意志であり、王の考えは衆生の考えであったが、その行使権は、常に王にゆだねられていた。

したがって、王に敵意を持ち、反逆を企てる者は衆生の敵でもあり、殺されても文句はいえなかった。

当時の王は衆生に対して生殺与奪の権能が与えられ、その力は絶大を極めていた。王の意志で自由にならないものはなかった。しかしその自由は、常に強制を伴っていた。

パセナティーの執政は平和を旨としていたが、それはあくまで自分に敵意を持たない者にかぎられており、敵意をいだく者は、容赦なく首をはねてきた。

人間としてのパセナティーと、王としてのパセナティーの間には抜きがたい矛盾があったが、彼はその矛盾を王としての立場で割り切ろうとしてきた。

しかし、今、こうして、ブッタの説法を聴いていると、彼自身、知らない間に自分が犯してきた犯罪に気付き、善と思いながらもどれほど多くの罪を背負ってきたかに気付くのであった。

「マーハー・ラージャンよ。

人が真実に気付いたときには、その罪はなかば許されるものです。

人は盲目なるがゆえに、その愚かさに気がつかないだけです。間違いであったと知ったならば、二度とその愚を繰り返さないことです。そういう人びとこそ、真に勇気ある者といえましょう」

ブッタは、彼の改心の情を読みとり、そう助言した。

〈……ブッタは、私の心の中まで見通され、愚かなる私のこれから歩むべき道を示してくれた。

本当にありがたいことだ〉

パセナティーの顔は、真剣そのものになっていた。

「マーハー・ラージャンよ。

心の中で念ずることは、善悪いずれにも通ずるものであり、衆生の幸福を念ずることは、衆生の心に、安らぎを与えるものです。正しく念ずることが大事だといえましょう。他力ではなく、自力なる慈愛の心で念ずることは、光明となって、人民の心に安らぎとなり、現われてくるでしょう。

正しく念じたならば、実践することが、指導者として大事なことだといえましょう。仕事についても、正しく仕事をすることが、大事になって来ます。

毎日の仕事も、修行の大切な過程であり、偽りもなく、愚痴もなく、怒りもなく、生きてゆくための手段であることを知らなくてはならないでしょう。健康なるがゆえに、正しく仕事をすることが可能であり、仕事のできる環境に感謝することが大事なことだといえましょう。

真実の感謝は、行為となるものであり、行為のない感謝は、真の感謝とはいえないものです。

衆生のために奉仕する行為こそ、マーハー・ラージャンにとっては、第一の義の道であります。

人は、進むばかりがよいとはいえない。今まで歩いてきた道をふり返ってみることも必要なこと。間違った道を歩んでいるかどうかをふり返ってみなくては目的も不明になります。

それには、これまでの思念と行為を正しく反省してみることです。正しい法は、人の知や意によっては変えることのできない大自然の姿が示しています。

その正しい法とは、中道であり、片寄りのない、調和の心が規準であり、それは善我なる心であり、また善意なる第三者の心ともいえるでしょう。

その心で、自分の行なったこと、思ったことを、一つ一つ正してみることであり、そうした間違いの原因を除き、自分の心をより豊かにするために反省するわけです。

こうして、想いと行ないを正し、心の中に何の執着もなく、光明に満たされた時に、禅定に入るならば、心と肉体は、調和によって光明の世界に住することができるようになります。

瞑想による禅定は、神々との対話であるといえましょう。

おごりや怒り、ねたみやそしりのままで、心の中の歪みを除くことなく禅定に入れば、その心に相応した世界に住することになり、魔界に住む者に己の心を支配されてしまう。これは、非常に危険であるといえましょう。

正しい心による以外に、光明の世界に住することは不可能だということです。

私の説く八つの正しい道を、心と行ないの物差しとして生活する人びとこそ、真の修行者といえましょう。

一切の苦悩から解脱するには、この道の実践以外にないでしょう」

ブッタの説法を聞いていたパセナティーは、何かしら心の中の大きな重荷を下ろしたような気持になり、胸の辺りにほのぼのとしたあたたかいものが広がってゆくように感じられた。

「ブッタ、私は心の故郷に帰り、心の親に巡り会えたような気持です。すっかり安心した気持です。

　これからも私を導いてほしい。

　間違いのない政治をすることが私の道だと心得ているので……」

　というと、スダッタをかえりみて、

「スダッタよ。

　よき師を招いてくれた。コーサラ国に偉大な宝物を与えてくれた。心から礼をいうぞ……」

「いや、いや、もったいないことでございます。マーハー・ラージャンよ。私にできることはこれが精いっぱいでございます」

「いや、いかなる財宝より大事なものを与えてくれたのだ、お前は……」

　といって、ブッタを正視すると、彼は「ブッター」と叫ぶなり、ブッタの前にひざまずき最高の礼をささげるのであった。

　ブッタはいった。

「マーハー・ラージャンよ。

この世の中には、洞窟の暗がりの中から、太陽の光がサンサンと輝く明るい世界に出て来る人もあり、また、わざわざこの明るい太陽の下から、暗い洞窟の中に入る人もありましょう。

人生航路は暗中模索であり、一寸先も分からぬ暗闇といえましょう。しかし、その心の中に法の灯火を点し、光明に満たされた世界に入って、無常な物から執着を断ち、自らの心を救い、迷える暗闇の世界で苦しんでいる衆生を救う者もおりましょう。

この肉体ですら、自分のものではありません。もし自分の持ち物であるならば、いつまでも若く、永遠に自分のものとして持っていられるはずです。

この肉体も、いつの日か死という現実に見舞われ、みにくい姿と変わり果て、腐敗し、燃やされて、灰となり、大地に帰ってしまうものです。

どんなマーハー・ラージャンであっても、貧しいシュドラーであっても、人の力によってこの現実を変えることはできません。無常なものだからです。

幸福を心の外に求めると苦しみになります。金銀財宝、地位、名誉、情欲、すべて無常なものであり、これらによって本当の幸福は得られないものです。満たされれば、また次の欲望が生まれ、悪の循環は尽きることがないでしょう。

心はこの大自然のように無限に広がっています。欲望の心が外に向けば、足ることを忘れてしまうのです。

しかし心の内に幸福を求める場合は、真の満足が得られるはずです。すでに足ることを知っているために、執着から離れているからです。法を一切の物差しとして生活した時は、他の一切の何物にも心を動かされることがなくなり、本当の安らぎが得られ、悟りの境涯に入ることができるでしょう。

その時にこそ、真の仏国土が造り出されていきます」

パセナティーは嬉しかった。

今迄でも多くのマーハー・バラモンの指導を得たことがあったが、祭りや祈りだけでは何一つ実績をあげることができなかった。どこかがおかしい、どこかが狂っている、と思っていたが、祭事に力を尽くしても、自分の心が満足しないばかりか、衆生の心を捉えることもできなかった。だが、ブッタの法は生きた政治であり、王たる道にもつながっている。正しい法と、その実践こそ調和の王国をつくり出す指針であることを、彼はあらためて認識するのだった。

高橋信次 著作集　心と人間シリーズ

心の原点（新装改訂版）
失われた仏智の再発見

人間の生い立ちとその目的、役割、自然と人間の関係を体系的にまとめ、人間の核心にふれる現代の聖書。
新書判　定価（本体 1,250 円＋税）

心眼を開く（新装改訂版）
あなたの明日への指針

世が末期的症状を呈して来るとオカルトに対する関心が強くなる。こうした傾向に警告し、心の尊厳さをさまざまな角度からとらえ、解明した珠玉のエッセイ集。
新書判　定価（本体 1,000 円＋税）

心の指針（新装改訂版）
苦楽の原点は心にある

間違った信仰、人間の精神構造、八正道、一般読者の質問に答えた神理問答集、祈りの意義など、初心者向けの神理の普及判である。　新書判　定価（本体 1,000 円＋税）

心の対話
人のことば天のことば

人生、仕事、宗教、宇宙などを明快に解きあかし、生きる意欲を与える珠玉の問答集として評判。
新書判　定価（本体 777 円＋税）

人間・釈迦
①偉大なる悟り（新装改訂版）②集い来る縁生の弟子たち
③ブッタ・サンガーの生活（新装改訂版）④カピラの人びとの目覚め

本書は何人も為し得なかった釈迦の出家と悟りをもっとも平易に、その全貌を明らかにした名作。
新書判　①巻③巻　定価（本体 1,000 円＋税）
新書判　②巻④巻　定価（本体 777 円＋税）

悪霊
Ⅰ あなたの心も狙われている　Ⅱ 心がつくる恐怖の世界

著者の実際の霊的体験を集録。本書はノイローゼ、精神病の実例をあげ悪霊に支配された人びとの生々しい記録であり、悪とは何かを問う問題作。
新書判　各巻　定価（本体 825 円＋税）

愛は憎しみを越えて
幼少の頃より受けた厳しい差別や偏見で人間不信へと心が荒み、欲望の渦へと巻き込まれて行く一人の守銭奴を描く。その主人公が、生と死の谷間で己自身の姿を見つめ、人生の意義、愛にふれる場面は感動的である。
新書判　定価（本体 825 円＋税）

原説・般若心経
内在された叡知の究明

新書判　定価（本体 825 円＋税）

心の発見
（現証篇）（新装改訂版）　定価（本体 1,300 円＋税）
（科学篇）　定価（本体 777 円＋税）
（神理篇）　定価（本体 777 円＋税）

天と地のかけ橋
釈迦の苦悩から悟りへと至る過程を美しいイラストと共に描いた、子供から大人まで幅広い層に読まれる絵本。　定価（本体 1,800 円＋税）

高橋佳子 著作集

未来は変えられる！	——試練に強くなる「カオス発想術」 思い出したくない過去を乗り越え、未来を変える方法を伝授。実際に未来を変えた4人の奇跡のノンフィクションが人生の解答を与える。 **四六判並製　定価（1,500円+税）**
魂主義という生き方	——5つの自分革命が仕事と人生を変える 「何が起こっても揺るがない。強く、深く、悠々と生きる」。5人のリアルな実践の物語によって、すべてを「条件」として生きる新しい生き方を提唱する。 **四六判並製　定価（本体1,800円＋税）**
1億総自己ベストの時代	——人生の仕事の見つけ方 5人の真実の物語と共に、「私はこのために生まれてきた」と思える人生の仕事＝ミッションワークの探し方を解説。 **四六判並製　定価（本体1,800円+税）**
希望の王国	——地図にない国を求めて 3・11から始まる新たな物語。決して失われることのない希望がここにある——。『果てなき荒野を越えて』『彼の地へ』に続く、新たな24の詩と写真集。 **四六判変型上製　定価（本体1,524円+税）**
彼の地へ	——3・11からのメッセージ 私たちがめざす場所がある。今、求めるべき心、人々のつながり、新しい国、新しい文明のかたちを指し示す。『果てなき荒野を越えて』に続く24篇の詩と写真集。 **四六判変型上製　定価（本体1,524円+税）**
果てなき荒野を越えて［増補版］	東日本大震災直後に紡がれた24の詩と写真集に、震災から5年目の新たな書き下ろしルポルタージュを加えた増補版。すべての日本人が受け継ぐべき光を示す。 **四六判変型上製　定価（1,524円+税）**
魂の発見	——時代の限界を突破する力 時代の閉塞状況と限界を突破する鍵は、人間の内なる「魂」の発見にあることを解き明かす。 **四六判並製　定価（本体1,800円+税）**
12の菩提心	——魂が最高に輝く生き方 「月」「火」「空」「山」「稲穂」「泉」「川」「大地」「観音」「風」「海」「太陽」。12の菩提心をイメージし、エネルギッシュで慈しみと包容力に満ちた自分を取り戻す。 **四六判並製　定価（本体1,800円+税）**
新・祈りのみち	——至高の対話のために 音楽を聴くように、「ことば」のリズムに合わせるだけで本当の自分をとりもどす新しいライフスタイルブック。40万人に読み継がれたロングセラーの新版。 **小B6サイズ上製　定価（本体2,381円+税）**

人間・釈迦③　ブッタ・サンガーの生活

昭和51年11月24日 第1版 第1刷発行

新装改訂版
平成28年4月10日 第3版 第1刷発行

著　者　高橋信次
発行者　仲澤　敏
発行所　三宝出版株式会社
〒111-0034 東京都台東区雷門 2-3-10
TEL.03-5828-0600（代） FAX.03-5828-0607
http://www.sampoh.co.jp/
ISBN978－4－87928－105－0
印刷所　株式会社アクティブ

写　真　岩村秀郷
装　丁　今井宏明